राजेन्द्र अवस्थी की श्रेष्ठ कविताएं

संपादक
डॉ. शिवशंकर अवस्थी

डायमंड बुक्स
www.diamondbook.in

प्रकाशक : डायमंड पॉकेट बुक्स (प्रा.) लि.
X-30, ओखला इंडस्ट्रियल एरिया, फेज-II
नई दिल्ली-110020
फोन : 011-40712200
ई-मेल : sales@dpb.in
वेबसाइट : www.diamondbook.in
संस्करण : 2023
मुद्रक : रेप्रो (इंडिया)

Rajendra Awasthi Ki Kavitayen
by : Shiv Shankar Awasthi

अपनी बात

मेरे पिताजी डॉ. राजेन्द्र अवस्थी ने अपनी साहित्यिक यात्रा का प्रारम्भ एक कवि के रूप में किया था। ये जबलपुर तथा नागपुर के उनके युवा दिन थे। कवि सम्मेलनों में भाग लेना उनकी आदत में शुमार था। नागपुर में वे दैनिक नवभारत में साहित्य संपादक और नागपुर साहित्य सम्मेलन के मंत्री थे तथा कवि सम्मेलनों के संयोजन-संचालन में पारंगत थे। तब वे राजेन्द्र प्रसाद अवस्थी 'तृषित' के नाम से लिखा करते थे। समय बीतता गया और वे राजेन्द्र प्रसाद अवस्थी तृषित से मात्र राजेन्द्र अवस्थी रह गए। यह परिवर्तन अथवा रूपांतरण उनकी गांव और शहर और फिर शहर से महानगर की यात्रा का भी संकेतक है। हमारा परिवार नागपुर से बम्बई गया और फिर दिल्ली आकर हम यहां बस गए। पिताजी ने फिर मुड़कर नहीं देखा। बहुत कम ही ऐसा अवसर आया कि वे नागपुर या जबलपुर गए। शहर से महानगर की उनकी यात्रा-प्रक्रिया का प्रभाव उनकी रचनात्मक दृष्टि पर भी पड़ा, पद्य छूटता गया और गद्य उनकी प्राथमिकता हो गया। लेकिन गद्य में भी काव्य की कमनीयता बनी रही। उनका कवि हृदय कभी सुप्त नहीं हुआ, वह जीवंत रहा, वे लिखते रहे और बाद में यही कवि मन कादम्बिनी में उनके लोकप्रिय स्तम्भ 'काल चिंतन' में दृष्टिगोचर होता है।

राजेन्द्र अवस्थी के पाठकों की संख्या बहुत बड़ी है ठीक उसी तरह से जैसे उनके मित्रों की विशाल संख्या। तेरह वर्ष हो रहे हैं लेकिन अभी भी विभिन्न कार्यक्रमों में अथवा अन्यत्र उनके मित्र मिल जाते हैं। आश्चर्य यह कि वे हमारे पूरे परिवार से परिचित होते हैं और सबको नाम से जानते हैं या यह कि उनका एक लड़का दिल्ली विश्वविद्यालय में पढ़ाता है न। कई को यह भी याद है कि वे कविता लिखते थे। "उनकी कविताओं का संग्रह आना चाहिए "यह आग्रह उनके अनेक आदरणीय मित्रों का रहा है। यही आग्रह मेरे लिए प्रेरणा बना और मैंने उनकी कविताओं की पांडुलिपियाँ खोजनी शुरू कीं और कुछ सीमा में उसमें सफल रहा। प्रस्तुत संग्रह उसी प्रयत्न का परिणाम है।

इस संग्रह की अनेक कविताओं का रचना काल 1946 से 1960 का है। इन कविताओं में युग-बोध है, अपने समय की पहचान और उसकी समझ है। यह स्वतंत्रता संग्राम के अंतिम दिनों और तत्पश्चात स्वतंत्रता प्राप्ति के दिनों का समय है। सर्वत्र देश में सभी के मन और हृदय में आशाओं में क्रांति का सूत्रपात हुआ था। अतीत के गौरव को बारम्बार याद किया जा रहा था। यह विश्वास था कि सबके दिन अब फिरेंगे। इन कविताओं में उस कालखंड की आशाओं, आकांक्षाओं तथा अपेक्षाओं का बोध हमें नजर आता है। इनमें छायावाद की भावप्रवण अभिव्यक्ति के साथ-साथ रहस्यवादी अभिव्यक्ति का संघर्ष भी है और प्रकृति बोध तथा उसका मानवीकरण भी है। निजी चेतना को मानवीय संवेदनाओं से जोड़ने का आत्मसंघर्ष और अंततः समाज में व्याप्त विषमताओं, शोषण-शोषित की मर्म विदारक व्यथा, निर्बलों और निस्सहाय पीड़ितों के घावों पर मरहम लगाने का उनका प्रगतिवादी विद्रोही स्वर है। एक ओर 'जय भारत हे' में वे राष्ट्र को लेकर सुन्दर भविष्य की सहज आकाँक्षाओं को अभिव्यक्त करते उसे प्रणाम करते हुए कहते हैं

मुक्त हृदय सब
जाग्रत उन्नत अब
पुरुष पुरातन
देव-सनातन हे।
नत मस्तक
चिर शरणागत
सूत सब शतशत
नवभारत हे।
जय भारत हे।।

दूसरी ओर कवि ने जीवन की विसंगतियों, उसकी मर्मिकताओं और उसके आनंद को अपनी कलम से उजागर किया है। इस संग्रह की प्रथम कविता 'कवि, गीत लिखो कंकालों पर' हाशिये पर बैठी जनता को साहित्य में लाने की कामना का एक सफल मार्मिक-संवेदनशील प्रयास है।

कवि गीत लिखो कंकालों पर,
जिनके नयनों में करुणा की

घनघोर घटा घिर आई हो
जिनको न मिला हो स्नेह कभी,
उन रूखे-सूखे बालों पर,
कवि, गीत लिखो कंकालों पर।

राष्ट्र के नवोत्थान की आशावादी कल्पना को साकार करता हुआ उनका ओजस्वी उद्बोधन 'नव इतिहास' कविता में इन शब्दों में मुखरित होता है -

अब मजदूरों का भारत होगा
होगा मजदूरों का राज
अपना स्वराज
शुभदर्जा जीवन पायेगा।
नवसृजन
नवसृष्टि, नव उल्लास
फिर फिर न दोहराना होगा
कंकालों का वह इतिहास।

प्रत्येक सवेदनशील कवि की प्रतिबद्धता प्रकृति के प्रति होती है। इस संग्रह में ऐसी बहुत सी कविताएं उनका प्रकृति प्रेम को स्पष्ट करती हैं। इनमे पहली कविता जोकि मुझे अतिप्रिय है, वह है

ओ, पावस के पहिले बादल
तुम धोने आए मटमैले अम्बर का मटमैला आँचल।
तुम रोते हो पागल, धरती में जब मुस्कानें फूट रहीं,
अंकुर की लज्जा की सीमा जब धीरे-धीरे टूट रही,
जब किसी गांव की गोरी ने अपना पहिला घूंघट खोला,
जिसके चेहरे को देख प्यास से भरा पपीहा तक बोला,
है आज बहारों का न्यौता, दिखते तुम क्षत-विक्षित घायल
ओ, पावस के पाहिले बादल

इसी तरह से प्रकृति चेतना में आस्था की अनुभूति कराती उनकी कविता 'गगन वह छुप गया देखो बदरिया छाए हैं' है। इसी क्रम में 'लो आज मधु मास आया', 'सुखी शरद...' 'पनघट पर', 'निराशा अँधेरा, 'कोई सपने में

प्यार किया करता है', हार, आदि कविताओं में प्रकृति और मानवीय भावों के पारस्परिक संबंधों को उद्धघाटित करने का प्रयत्न है। अनेक कविताओं में यथार्थवादी अभिव्यक्ति भी है –

मेरे सोये भाग्य जगा दो, घर में चाहे आग लगा दो

कवि ने अपने किशोर प्रेम को भी अपनी काव्य-यात्रा का विषय बनाया है। कभी अनजान, कभी एक-तरफा प्यार की हिलोरें कवि को इतना विचलित करती हैं कि वह कुछ ऐसे उद्‌बोधन को ही सब कुछ मान लेता है

यदि प्रिय तुम इसमें न अपना अपमान समझो
मेरी पूजा स्वीकार न हो, रहने दो,
आसुओं से यदि मोह न हो, बहने दो,
सपनों का भव्य भवन ढहने दो,
पर कम से कम दो चार जनों के आगे
तुम मेरे हो –इतना कह दो।

प्रियतम से दूर रहना भी एक व्यथा है और उस व्यथा के दर्द को उभारती उनकी कविता 'स्मृति' है

आज प्रिय से दूर हूँ, न जग में आराम
विधुर सा पढ़ा हूँ, रहते प्रिय धाम।
आज गई और चली गई-
छोड़ मुझे कितनी दूर।
बन गया हाय। उजेला भी-
सघन तिमिर भरपूर।।

बाद में विशेषकर 1980 के दशक की उनकी श्रेष्ठ रचनाओं में मुक्तक छंद का भाव प्रवाह गद्यात्मक रूप में देखने को मिलता है। अपने भीतरी जगत को झांकती उनकी कविता अनंत में इसी भावप्रवाह की अभिव्यक्ति हमें मिलती है

हमेशा अच्छी लगी हैं
मुझे
ये एकांत घाटियां

और ये झाड़ियाँ
जो अनंत के विस्तार तक
पहुचनेवाली मेरी दृष्टि को
रोक देती है।
इस पूरे विस्तार में
डूब जाते हैं मेरे विचार
कितना सुखमय है -
सबकुछ ---
याद भी नहीं आता
विघटनकारी व्यतीत।

राजेन्द्र अवस्थी की काव्य यात्रा के कई पड़ाव उनकी रचनाओं में हमने देखे किन्तु जब अंतिम पड़ाव 1980 के दशक के बाद आता है तो हम पाते हैं कि कवि अपने आसपास की प्रकृति के प्रति आत्मीय रुझान को कम नही कर पाता बल्कि वह तो प्रकृति में होने वाले परिवर्तन की दस्तक से स्वतः को अभिभूत पाता है। रचनाकार प्रकृति के तमाम उतार-चढ़ाव और प्राकृतिक क्रिया-प्रक्रिया में स्वतः को भुला बैठता है कि वह क्या था और क्या हो गया। जीवन के तमाम उतार-चढ़ाव या संघर्ष को वह विस्मृत कर बैठते हैं और मान लेते हैं कि अतीत की विघटनकारी पीड़ाओं से वे मुक्त हो गए हैं। प्रकृति उन्हें बहुत ही सुकून देती थी। साहित्य में ऐसे संवेदनशील कवि के वास्तविक स्थान को निर्धारित करने का कार्य-कर्तव्य अधिकार समीक्षकों का है।

यहाँ प्रयोजन राजेन्द्र अवस्थी की कविताओं की समीक्षा करने का नहीं है। यह कार्य में सुधी पाठकों व समीक्षकों पर छोड़ता हूँ। मेरे मित्र डॉ विजय शंकर मिश्र, डॉ. संदीप शर्मा और डॉ. उषा दुबे ने इस संकलन को मूर्त रूप देने में बहुत सहायता की है, में उनका धन्यवाद करता हूँ। मैं उत्तराखण्ड संस्कृत विशविद्यालय की प्रथम महिला कुलपति डॉ. सुधा पाण्डेय और मेरे मित्र डॉ. ललित बिहारी गोस्वामी का भी कृतज्ञतापन करता हैं जिन्होंने इस पुस्तक की शेष पाडुलिपि को पढ़ अशुद्धियों को दूर किया। नरेंद्र कुमार जी

पारिवारिक मित्र है, उन्होने इसे बहुत खूबसूरती से छापा है, उनके उत्साह का मैं हमेशा कायल रहा हूँ, उनका भी बहुत-बहुत धन्यवाद।

-डॉ शिवशंकर अवस्थी, महासचिव, ऑथर्स गिल्ड ऑफ इंडिया

पुरोवाक्

अल्हड़पन की अनुभूतियाँ
(बचपन की मधुमासी कविताएँ)

वियोगी होगा पहला कवि,
आह से उपजा होगा गान,
उमड़ कर आँखों से चुपचाप-
बही होगी कविता अनजान।

हम वियोग के पहले कवि को तलाशने छमछमाते छायावाद की ओर उन्मुख होते हैं तो वहाँ कोई 'नीर भरी दुःख की बदली' वीणा के तान में कुछ गुनगुनाने लगती है। कहीं ये हिंदी की प्रख्यात कवयित्री महादेवी वर्मा के स्वर तो नहीं हैं? तभी महाकवि सुमित्रानंदन पंत की पंक्तियाँ स्मृति -पटल पर कुलाँचें भरने लगती हैं--- 'बाले! तेरे बाल-जाल में कैसे उलझा दूँ लोचन, भूल अभी से इस जग को।' तरुणावस्था होते-होते राजेन्द्र अवस्थी द्वारा लिखित प्रारंभिक कविताएँ भी कुछ इसी भाव-भंगिमा को लिए हुए हैं। इनमें अधिकांश कविताएं उसी काल की हैं।

ये कविताएँ अब प्रकाशित हो रही हैं, यह आनंद की बात है। कालांतर में तो राजेंद्र अवस्थी एक अत्यंत प्रौढ़ एवं श्रेष्ठ साहित्यकार एवं पत्रकार या कहें एक संस्कृति पुरुष के रूप में हमारे सामने आए हैं। साहित्य की अनेक विधाओं, उपन्यास, कहानी, कविता में नए भाव और शिल्प की दृष्टि से किए गए नए-नए प्रयोगों को हम सबने देखा, परखा ही है। कभी बाल पत्रिका नंदन के बाल-मन की गुत्थियों को खोल उन्हें गुदगुदाने वाली रोचक सामग्री देने वाले सरल हृदय संपादक के रूप में तो बाद में कादंम्बिनी के यशस्वी संपादक के रूप में उनके दर्शन हमने किए हैं। कालजयी विचारों से युक्त उनके स्तंभ 'काल चिंतन' के लिए तो लोग आज भी उन्हें स्मरण करते हैं। अब तो उनका संकलन पुस्तकाकार में प्रकाशित हो चुका है। न जाने कितनों को उन्होंने पत्रकारिता का ककहरा सिखाया, उन्हें आगे बढ़ाया।

उनकी प्रारंभिक कविताओं का संकलन कविरूप में उनके भावजगत् के विकास का दर्पण तो बनेगा, किसी तरुण के मन में बसने वाले दो विरोधाभासी भावों---प्रेम और आक्रोश--- को समझने के लिए आवश्यक मनोविज्ञानिक दृष्टि भी देगा। इन कविताओं में बचपन की कच्ची -पक्की अनुभूतियाँ हैं या वियोगी बनने के लिए मधुमास पग पट खोलने की कवायद है। इनकी कविता एक ओर वियोगी वेदना, निराशा का झंझावात लाती है तो दूसरी ओर रणचंडी का श्रृंगार करती है। यह कभी यौवन का मदभार झेलती है तो तो कभी गाँधी और मालवीय को याद करती हुई झोपड़ियों में दीप जलाने का आह्वान करती है। भावी भारत के प्रति कवि का पूर्ण तौर पर सकारात्मक दृष्टिकोण है, मर्म का स्पर्श करता है।

इस सबका श्रेय निश्चय ही उनके सुपुत्र डॉ. शिवशंकर अवस्थी को है जिन्होंने अत्यंत परिश्रमपूर्वक उनकी पुरानी रचनाओं को ढूँढ़कर प्रकाश में ले आने का स्तुत्य और सफल प्रयास किया है। राजेंद्र अवस्थी मेरे अग्रज थे इस नाते डॉ. शिवशंकर अवस्थी मेरे आशीर्वाद के पात्र हैं। ईश्वर उन्हें यशस्वी बनाएँ... मैं तो अपने अग्रज की स्मृति को अपना एक पुराना मुक्तक समर्पित करता हूँ (उनके श्रवण कुमार सुपुत्र शिवशंकर अवस्थी के लिए भी) -

हमने अपने दर से पूछा-
हमारा घर कहाँ है?
दर ने कहा-सारा जहाँ जहाँ है।
हमने सवाल किया-बंधु
सारा जहाँ कहाँ है?
दर का जवाब था-
प्यार जहाँ जहाँ है

-डॉ. श्याम सिंह 'शशि'
(पद्म श्री, साहित्यकार एवं नृविज्ञानी)

विषय सूची

(1)

कवि गीत लिखो कंकालों पर

कवि! गीत लिखों कंकालों पर!
जिनके नयनों में करूणा की,
घनघोर घटा घिर आई हो!
कुछ बेचैनी सी छाई हो!
जिनके अंतर के प्राणों में
जिनको न मिला है स्नेह कभी
उन रूखे-सूखे बालों पर!
कवि! गीत लिखो कंकालों पर!

जिनके तन पर है झूल रही,
कुछ गंदे चिथड़ों की माला,
जिनकी सूनी कुटियों में नित
जलती है अंधों की ज्वाला
जिन पर न कभी लाली दौड़ी-
उन सूखे चिपके गालों पर
कवि! गीत लिखो कंकालो पर!

जिनकी टूटी सी छाती पर
बनते कितने मीनार महल
जिनका लम्बा परिवार भूख
की पीड़ा से हो रहा विकल
हाहाकारों से आवेष्टित
उन भिखमंगे कंकालों पर।
कवि! गीत लिखो कंकालो पर

(2)

देखो बदरिया छाए हैं

गगन वह छुप गया देखो बदरिया श्याम छाए हैं।
पवन उन्मत सन सन बह रहा
तरू पात डोले हैं
कलेजा चीरकर पायी पपीहे
प्यास बोले हैं
उड़े जाते किधर जाने, धवल
बगुलें कतारों में
फंसे हैं, प्राण बेसुध हो, नवल-
दिलकश नजारों में।
अरे! किस किन्नरी ने वीणा रिमझिम सी बजाई है!
कि पहली बूंद के पड़ते, धरा चौंकी-
सजग होकर,
खिली, संवरी, हरित वसन हुई,
टिप-ताप वह सोकर
नदी, नाले भरे पोखर भरे, उर्मिल
उलाहों में,
कि फूटा कंठ कवि का मस्त बरखा के
प्रवाहों में,
सूखी कण कण तृर्षाओं की कशिश बौछार लाए हैं
गगन कह छुप गया देखो बदरिया श्याम छाए हैं!

पड़े घर-घर हिंडोंले ग्राम वधुयें
गा रही कजली
खुशी दम्पति वियोगी को हुई
शमशीर पर बदली
फिसल जाते हमेशा पैर-पावस में
जवानी में
झुलस जाता दमन संयम युगों का
आग पानी में
इधर जुगनू, उधर विद्युत तड़प घन में
समाए हैं!

(3)

प्रिय अपमान अपना न समझो

प्रिय यदि इसमें न अपमान अपना समझो
मेरी पूजा स्वीकार न हो, रहने दो,
आँसूओं से यदि मोह नहीं हो, बहने दो,
सपनों का मंगल भव्य भवन ढहने दो,
पर कम से कम दो चार जनों के आगे
'तुम मेरे हो'- इतना मुझको कहने दो
प्रिय यदि इसमे ....

इस जग में सबको प्यार नहीं मिलता,
प्रति डाली पर ही सुमन नही खिला करता
प्रति आह नहीं बन जाती काव्य-लता,
केवल बतलाना चाह रही जग को-
"मैं क्या हूँ इसका मुझको खूब पता है।"
प्रिय यदि इसमें ....

कल क्या होगा ये आज कौन है जाना,
मधुमास यहां पतझर का एक बहाना,
जीवन पाने में पाकर पुनः गवाना,
यदि तुम कह दो तो मैं यह नहीं छुपाऊँ,
मैंने तुमको भगवान सदा से माना
प्रिय यदि इसमें ....

(4)

ओ, पावस के पहिले बादल!

ओ, पावस के पहिले बादल!
तुम धोने आए मटमैले अम्बर का मटमैला आंचल!
तुम रोते हो पागल, धरती में मुस्कान जब घूर रहीं,
अकुंर की लज्जा की सीमा जब धीरे-धीरे टूट रही,
जब किसी गांव की गोरी ने अपना पहिला घूंघट खोला,
जिसके चेहरे को देख प्यास से भरा पपीहा तक बोला,
है आज बहारों का न्यौता, दिखते तुम क्षत-विक्षत घायल
ओ पावस के पहिले बादल!

तुम आए, धरती की उखड़ी सांसों में जीवन कुछ आया,
हर यौवन अपनी आशाओं की मदिरा पीकर गदराया,
है भीगा-भीगा कृष्ण, स्वर्ग में तैरती कोई राधा,
शायद उसके गिरधर ने भी तोड़ दिया अपना वादा,
अधरों का आमंत्रण, चूमो नभ का धुल धुला पाटल
ओ पावस के पहिले बादल

तुम पानी देते लोगों के चेहरों पर आता पानी,
यह छुवन तुम्हारी मानव के हित में कल्याणी,
हर सोया यौवन जगता है, लेकर अपना उल्लास नया,
इंसानों के हाथों से बनता जाता इतिहास नया,
एक युग के दो छोर,
एक लय में हो जाने को पागल!
ओ, पावस के पहिले बादल!!

(5)

जय भारत

भव भारत हे!
जय भारत हे!

तिरंग ध्वज गगन-ग्रीव,
अशोक चक्र हे!

शत-शत युग नत मस्तक,
भाग्य विधाता हे!

उन्नत हिम-किरीट भव्य-भाल
भक्ति प्लावित हे!
दश दिशि हर्षित, विश्व विभाषित-
जय नागरि हे!
भव भारत हे!
जय भारत हे!!

ब्रह्म-सिन्धु तरंगित यमुना-जल,
गंगाजल अमल विमल हे!
शोभित राका सस्मित इन्दु वंदन-
पल गिरि अम्बर-हे!
भव भारत हे !
जय भारत हे !!

आम्र अमाशित, चंपक-शासित,
कूंजित कल कोकिल भाषित,
षड् ऋतु विहंसित-हर्षित

जग उर्वर आंगन हे!
दीप्त दिवाकर कांत प्रभाकर,
मलय पवन शांत सुधाकर
स्वर्ग-सुषुम-सुषमाकर,
स्वागत हे! स्वागत हे!
भव भारत हे!
जय भारत हे !!

धोता पतदल शतदल, सिन्धु-सुभाषित हे!
सेंधुर राजत, छवि छाजत-अमर सुहागिन हे !
रक्त प्रभाकर, रंजित-संध्याकर
परिमल प्रेम प्रभाकर हे !
न्याय दया सत्य संभ्रत शासित,
अहिंसास्त्र अमर अप्रतिहत राजित,
स्वराज्य संस्थापित, अज्ञान पतित
जग गुरू, जागृत हे!
भव भारत हे!
जय भारत हे!!

मुक्त हृदय सब
जागृत उन्नत अब
पुरूष-पुरातन
देव-सनातन हे !

नत-मस्तक
चिर शरणागत
सुत सब शतशत
नव-भारत हे!
भव भारत हे!
जय भारत हे !!

20 मार्च, 1948

(6)

हार

सहज रवि स्वयं झुलस गया जब,
शेष फिर क्या उपहार
जीवन की अनंत जीत में
कैसे देखूं यह हार!

याद रहेगा दिन मुझको, बन
जाये जीवन इतिहास
जीवन की लम्बी जीत में,
पाया प्रथम उपहास !

प्रतिदिन वह आती, छू जाती,
भर जाती अंग हिलोर,
पावन पवन मिटा देता तब,
करूण जग के छोर!!

संध्या आकर, नभ चमकाकर,
ढक लेती मुख मौन,
सती विधुरा वन कह जाती,
'उल्लास युवक कौन'?

सेंधुर लेकर रंजित मन से,
और भरी ऐंडी पांव

विहँस और भुलाकर कह जाती–
हँसने में तेरा दांव–

उषा आई न विहंस पाई,
सूखी स्वयं चली गयी,
संध्या–विधुरा बिन संदेशे
हा! चली और चली गई!

छिपा सुख के पीछे दुख
जो था अविरल भारी
उदय हुआ पहिले जीवन में
गिरी हा! चपला बेचारी!!

कितने, द्वार जगत में,
फिर–फिर आकर देंगे उत्पात
जितनी हार जीत की होगी,
उतनी हार संभात !

'विकल न हो मौन तपस्वी रे!
यह तेरी पहली हार,
सतत रहना, होगा अब रे!
जीवन जीत संचार।।

2 मार्च, 1948

(7)

स्मृति

आज प्रिय से दूर हूँ, न जग में आराम,
विधुर सा पड़ा हुआ हूँ, रहते प्रिय धाम।
आज गई और चली गई-
छोड़ मुझे कितनी दूर।
बन गया हाय! उजेला भी-
सधन तिमिर भरपूर !!

प्रिय ने छोड़ा या छोड़ा-
जग ने हा! एक साथ!
उस बिन और नहीं कुछ भी
लग सकता मेरे हाथ।।

मदमाती आँखों वाली ठहर, आजा नादान
क्षणभर का जीवन, है उस पर इतना अभिमान
यौवन है यह, सुख प्यार भरा
अनुपम मृदुल दुलार,
स्वच्छ गगन सा भर देता, कण-
कण में अनुपम अनुराग।
और उमंगो में भर देता-
आशा और उमंग।
टूटता स्वप्न सा भर देता,
आशा और अनंग!!

छोड किशोरी, यौवन से करने जाती जब प्यार
ठुकराकर चल देना, यह भी कोई दुलार।।
हँसती और लजाती सी-
चितवन आ मेरे पास
देख, भर ले ओ मृगनयनी कर!
वह नयन विलास,
उषा सी लाली, कोकिल-
स्वर सी अमर तान,
संध्या सी शांत, लिए-
प्रेम सुधा का तीर कमान !!

रह-रह जब आती याद मुझे, हा बन जाता अभिशाप
धधक उठता हृदय हमारा, होने लगता पश्चाताप
मौन भाषा में बतला दो तुम-
सच्चा किससे प्यार?
सुमन रंग की किस आशा पर-
सच्चा तेरा अनुराग?
'तृषित' तिमिर छाया जो
मेरी आँखों के पास
क्या वह सखि न होगा, तेरे-
मन का अनुपम संताप ?
प्यार-प्यार क्यों प्यार रहा तुझसे प्यार,
उस हार में छिपा होगा, मेरा जीवन संचार।
झूल रही है तेरी स्मृति में-
चंचल एक हिलोर
मदमाती आँखें देख रहीं-
किसी दूसरी ओर।

यौवन लाली प्यार भरी
आशा का अभिसार
मत ठुकरा-दे मुझको
उचित तेरा था प्यार।।

नीरव रजनी शांत भरा संध्या सा हाव,
मतवाली भरदे छिपे अपने सारस भाव

पहन लिया हार, यदि छिपी -
भी उसमें-हार,
फिर भी प्रेम भरा उसमें-
कहते कैसा झूठा प्यार।
छविमय अनुपम रूप
और विस्मरण का त्यौहार,
हिमकिरीटनी 'तृषित' हृदय का
वह भी अनुपम अनुराग।।

आ मुझको छूलो बतलाओ अपना प्यार,
तेरे पीछे छोड़ चुका-सारा संसार!!

15 फरवरी, 1948

(8)

ओ भारत के भव्य भाल

पुण्य भूमि माँ गौरव विराट,
साकार दिव्य गौरव विशाल,
विश्व के हिमासित हिमकिरीट
भव्य भारत के मुक्त माल।
ओ भारत के भव्य भाल।।

कैसा अखण्ड चिर मौन तप!
कौन संतप्त समस्या संताप?
करूण कणों से धोते ध्यानी
कनक शस्य कमल भूमि का पाप।।

कितना कलित ललित हिम मुकुट!
क्रीणा कानन, आनन रे कश्मीर।
स्वर्ग तुल्या, शोभना भूमि रे
शची शस्य कानन के समीर।।

विदग्ध यहाँ कैसा महाजाल,
ओ भारत के भव्यभाल।

शुभ्र हिमालय अनन्त अगार
गंगा यमुना सिन्धु साकार।
शुचि शारदा सरयू सरस्वती
बह्मपुत्र ब्रह्माण्ड की पुकार!!

धोता पदतल कमलराज, सिन्धु
अगम अथाह अरब बंगाल
तेरा वह चिरस्थाई इतिहास
ओंमकार लंका मुखमाल।।

कैसा लुटा वैभव यह तेरा,
कहो-कहो ये भग्नावशेष।
खो प्रतापी प्रताप के गीत
अब भी ठहरा अवशेष।।

अरी पांचाली की अमर पुकार,
कहां धनञ्जय रे कृष्ण साकार?
यमुना तट के शांत निकुन्ज
कहाँ रम्य रास रमण ओंकार?

ओ वंशीध्वनि अमर निनाद,
कह तेरा अन्त अनन्त कहाँ
बता गोवरधन गिरधारी,
शौर्य तेरा सिरताज कहाँ?

पूछो हिमपति मेरा राम कहाँ?
वृन्दे, कह दे तेरा, धनश्याम कहाँ?
पुण्य भूमि मिथिले कह दे अब
सीते माँ, वधू उर्मिला कहाँ?

मगध त्याग अपने मौन भाव
कह दे तेरा अमर अशोक कहाँ?
छोड़ चल विक्रम अपना युग,
वह चन्द्रगुप्त सिरमौल कहाँ?

ओ वैशाली की पुण्य भूमि-
लुटा चुकी अपनी निधियाँ सारी
हत बैठी, गंडकी छोड़ चुकी
विद्यापति की निधिया प्यारी।।

भला बता वरूणा की पुण्यभूमि
तथागत के अमर संदेश कहाँ
रे अहिंसा के ध्वज प्रसार
वे तेरे मंगल गीत कहाँ?

मेरे नगपति प्रलय अगार,
मौन त्याग उठो पुनः एक बार
अपने भूले सब कर्म क्षेत्र
दिखला दो स्वयं से साकार।।

हो जाए संहार जगत का,
उलट पड़े यह सारा संसार !
मुरली की अमर तान पर
गूँजे झंकार पुनः एक बार।।

सुप्त, जाग मेरे विशाल,
ओ भारत के भव्यभाल।।

13 फरवरी, 1947

(९)

मदन मोहन मालवीय की स्मृति में

तटनी तट के अमर वियोगी,
लो अर्पित मेरा उपहार।
बने दिगम्बर से अम्बर तुम
लो जग प्रेमी पात्र हजार।।

शिखी ज्वलन्त ज्वाल से पीड़ित,
हा! दुख भरती लेते श्वास।
नश्वर तन से हो विरक्त
रहे नहीं तप्त तनों के पास।।

तेरी करूण कहानी रसना, तन में,
चिर अम्बर में, बिखरी निधियां सी।
अमर वियोगी गंगा तट से,
सुमन समीर खिलेंगी परिया सी।।

हिन्दू कृष्ण-बिन्दु के हरण सुदाता,
चिता की अमर चिंगारी हो !
दुख शोषक सुख-पोषक,
वैताल-रथव की महतारी हो !!

महातरू मध्य के चंपकतरू तुम,
विश्व वाटिका की कंज कली हो !
आलोक दिव्य भानु ही तुम
यामिनी में दामिनी दीप्त वली हो।।

हा हरे! हन्त, टूट अम्बर अब
चारू चन्द्र, कालिमा ही सही।
'तृषित' अब हम सत्र बिनु
स्मरण तुम्हारा हो पत्र यही।।

12 नवम्बर, 1946

(10)

लो आज मधुमास आया

लो आज मधुमास आया-
कलिया फूटी आशा जगी, जग में नव सौरभ छाया,
गूँजे भ्रमर, प्रीत पात ने अपना रंग जमाया,
चिर का भूला भटका, सुंदर मंद-मंद पवन फिर आया,
बुलबुल बोली, कोकिल ने अपना अस्तित्व जमाया,
फूल उठे पलास अंगार, फिर कितना सुख छाया,
मल्लिका फूली, फूली मालती, नव यौवन आया,
करुण गया, सुख आया और यहाँ उजेला छाया
लो आज मधुमास आया

नीरव तारागण डूबे और उग वहाँ हिमकर आया,
रजनी में रजत चाँदनी,जल थल अम्बर भाया,
छूट गयी ठिठुरन, ना आतप ने अनुताप जमाया,
नलिनी फूली, रत्नाकर गरजा, नव उत्सव छाया,
अनंग लिए वसुधा गूँजी और चकोर चिल्लाया
सतगुन छाया, नवयौवन आया, सबके मन भाया,
आज सखी बतला दूँ, वह भी आया छिपा छिपाया
लो आज मधुमास आया

बंसत पंचमी 1948

(11)

अलि के प्रति

भ्रमर उड़ते जाते सरवर स्रोत्र
सुनहरी किरणों की लहरों में।
प्यासे तुम हो फिर भी प्यारे
रजनी के पिछले पहरों में।।

वैभव लेकर आते, वैभव-
लेकर जाते निशिवासर सा।
अनादि वासना मोहन मंत्र
भुलाते प्रतिपल नर्तन सा।।

ओ! यौवन के भूखे! ओ-
यौवन के सूखे प्रेमी पागल।
अलसाई आँखों वाले ओ।
मृदुतल वासर वर चंचल।।

ओ अवाक! कृष्णवर्ण ओ।
मतवाले भूले माया में
क्या ढूंढने जाते तुम फूले
जग की इस कोमल छाया में।।

कुंकुम का चूर्ण उड़ाते से,
आनन्दित गले ललकते से,
मधुर मधु को बरसाते तुम
विद्युतकण मिले झलकते से।।

भूले भ्रम भटके भ्रम कहो–
कहो कुसुमों से क्या कहते हो।
मधुर मिलन की आशा में–
सब कुछ सहते रहते हो।।

एक फूल से मिलकर क्षण में
त्याग उसे तत्क्षण जाते।
मिलकर और–और कुसुमों से
तुम यौवन के गुण गाते।।

जग में छलना ऐसा, कहो
कहो तुमने फिर क्यों जाना।
कहे तुम्हारा प्यारा प्रेमी
प्रकट उसको करते मनमाना।।

विपदा की आँधी पड़ती जब
कल–कल किरणों की लहरों में।
तरणि तप्त प्रखर ताप में, लेते
अलि आश्रय इन कुसुमों में।।

हेमंत के हिम्र थपेड़ों से
आश्रय मिलता इन फूलों में।
निशा सेज बनती प्रिय तेरी
इनके इस कोमल कानन में।।

उषा होती रंजित रक्त गगन–
लेकर संध्या जब जग आती
गोधूली की तिमिर तम जब
इस बगिया में छा जाती!!

स्तब्ध जगत, थकित मन्द पवन
कुसुमों में आकर भर जाता
अनमोल रत्न उनका, उनसे
लेकर त्याग उन्हें वह जाता।।

अन्नत वैभव तुमसे इनने-
है इस जग में जो पाया।
लुटा ले जाता पागल वह
जग की यह कैसी माया।।

उस क्षण तुम कितने कायर, हा।
छली कितने बन जाते हो।
तब प्रेमी पर हाथ उठाये-
पर तुम न हाथ उठाते हो।।

अपना सारा यह भोलापन
सारे जग को बतलाते से।
बेसुध निद्रा में सोते रहते-
पंकज को प्रेम बताते से।।

यदि है ऐसा तो कायरता-
और भूल तुम्हारी भौंरे।
भ्रम में पड़े हुए हो तुम-
तब तो निश्चय ही भौंरे।।

प्रेम करो चाहे कुछ फूलों से
पर निश्चय ही सच्चा हो।
और किसी की उसमें फिर-
देखो, न किंचित सत्ता हो!!

अलि मद अँचल में छुपने से
आँखों में अंधापन भरकर।
सच्चा साधु सहायक बनना
भला नहीं जीवन रखकर!!

दो क्षण शांत और मौन भाव-
से, अलि अवलोको इस ओर।
शीतल सलिल सुधा का पात्र
भरा, कैसा चहुं ओर।।

उससे जिनका नेह लगा है,
उनकी भी कथा सुनो सारी।
दो क्षण उस पर भी सोचो तुम
हुई कितनी भूल तुम्हारी!!

कितना निर्मल, विशाल अरू पावन,
प्रेम लगा इनका प्यारा।
केवल पल दूर हुए उससे
छोड़ा उनसे तनमन सारा।।

फिर गंध मोद मद पीकर पवन-
चरण बढ़ाता गाता राग।
ले नहीं सकता वह भी पर
उनका अनमोल पवन पराग।।

जीवन देकर भी छोड़ न सके
अपना जो अनुपम प्रेम।
है कौन बढ़कर तुमसे फिर
बतलाओ तोड़ अपना नेम।।

देखो कहीं ज्ञात न हो जाए
ज्ञान तुम्हारा इन फूलों को।
हो जायेगा दुस्तर बंधन-
जीवन तेरा होगा फिर शूलों को।।

और फूलों, फूलो तुम भी,
पर पाओ जग में कुछ ज्ञान।
छोड़ो ऐसे साथी को तुम
है जो सच बिलकुल अनजान।।

1 अप्रैल, 1948

(12)

सूरसागर से

अरी दिवा की कठोर कान्ति!
छाया सी अहा! शीतल शान्ति
अरी ध्रुवाटल मही भूप!
सागर सम अनन्त अनूप।।

सूर की चिरपरिचित प्राणाधार
कवियों की एकमात्र व्यापार!
कृष्ण जीवन अखण्ड मूर्ति
गोपियों की लख प्रेमपूर्ति।।

मुक्तक की वृहत-विषाद गीत
प्रेम व्यंजना की अद्‌भुत कीमत!
मर्मस्परिता की गुणी-धार
वात्सल्य की कीर्ति-अपार।।

श्रृंगार का दे अद्‌भुत ज्ञान
वरद कवि सूर का महाप्राण।
कृष्ण का अमिट शांत संदेश
पूतना का वीर वध-प्रवेश।।

केशी बकासुरादि का नाश
कालिया का विकट सत्यानाश।
कृष्ण बल प्रदर्शन का हार
प्रेम प्रतीक के अनूपाधार!!

मृदुल निर्मल स्रोत प्रवाह
निरपेक्ष पूत साक्ष्य मद विवाद!
एक लक्ष तव दिव्य प्रमाण
राम कथा की अनुपम प्राण।।

अन्धे कवि के चित्र विचित्र
महाकवि सिद्ध-शास्त्र सर्वत्र
कूप में लिखा कृष्ण स्वरूप
हुई कृष्ण-कथारम्भ अनूप।।

पुतरुक्ति दृष्टिकूट के दोष
करते नष्ट किचिंत वह जोश!
प्रथम तेरा वरन श्रेष्ठ गीत
विश्व साकार प्राण प्रदीप।।

जनवरी 1946

(13)

वियोगी

संध्या की इस मलिन सेज पर,
स्मृति पंखों पर चढ़ अनजान!
किसी गहन भाव में तब पड़कर
गाता रहता सुख-दुख के गान।।

पल-पल में, कण-कण में, मिलता वियोग का आभास
फैला शून्य गगन में, कितने रूप लिए प्रकाश।।

देख परस्पर नयन लगाकर,
तारागण ठहरे कर श्रृंगार!
सावन आता झुरमुट में लग-
जाता वीणा स्वर साकार।।

अखिल वेदना दिख जाती सरिता तट पर अज्ञात
संध्या होकर चढ़ जाती, उस पर्वत में जब रात।।

शून्याकार फैल जाता वहाँ
जब उस उर के बीचों बीच!
संतप्त तरू तब हो जाते
किसी मधुर याद में नीच।।

सर्वव्यापी वेदना वह मिलती सब गृह एक साथ,
प्रेम, वासना, शोक, आनन्द सभी में वियोग का हाथ।।

प्रकट मुझमें हो जाता जब
निकल सहज पड़ते ये गीत!
अनन्त प्रवाह ले चलता
होकर मानस मेरा भयभीत।।

बढ़ जाता संताप, तभी कैसे आया वियोग,
था कौन संयोग, जिससे हुआ वियोग।

किसके लिए? किसकी याद में,
हो जाता यह-संताप?
कौन तुम्हारा प्रेमी-वह
किसका तुमको अनुताप?

मत पूछो मुझसे सखी, है वह अज्ञात कौन?
है आधार जगत का, वह ही मेरा मौन?

आती याद मुझे पल-पल में-
सता जाता वही वियोग !
पहले कभी हुआ था उससे-
किंचित मेरा संयोग।।

5 मार्च, 1948

(14)

ओ रात्रिमयी विहागरी!

दिनभर का थकित व्यथित जीवन
उषा पट का घट-परिवर्तन
विलग विमोहन शांत नागरी
ओ रात्रिमयी विहागरी!!

अस्ताचल में रवि को दे विश्राम
हिमकर का करती शुभ सम्मान।
निज पट धर विहस विहस कर
गाती उसके गुण गौरव गान।।

ना कोयल कूकी ना बुलबुल बोली
निज नीड़ चली मतवाली भोली
स्नेहावृत शावक, मिलकर हँसकर
मन में बोली, अमृतरस घोली।।

दिन का थका थकाया पंकज झुलसा,
पागल भ्रम पड़ा उसी में विलसा,
निकल पड़ी कुमुदनी जल पर,
उमगा उर कुमुद बन्धु से हरषा।।

दिन के व्याकुल झिंगुर निकले,
झंकार मयी नीरव रजनी पिघले,
रात अंधेरी कौन संदेशा दे दे,
फिरते भू शावक निज ले ले।।

चाँद चकोरा चारू चितेरा ऐसा,
तृप्त पपीहा सलिल सुधा जैसा,
रोम रोम पुलकित रोमांचित,
गाता यौवन गुण मधुबन जैसा।।

हिंसक वन्य चले मृगयाशा,
तृप्त हुए लेकर कुछ स्वांसा,
उन्मुक्त अधीर हृदय हर,
लौट गृह गृहिणी पासा।।

चंपक फूले फूले चारू चकोरा,
मल्लिका मालती फूली चहुं ओरा,
हेरि हेरि हँस रही हंस नैना
भरती सब में, सब रस सब बैना।।

शहनाई ध्वनित रंग रास यहाँ पर,
गीता, मद्भग, वेद पुराण गुणाकर,
चारू-चित्र चलचित्र-विमोहन,
नाना लीला हर्ष सुधाकर।।

चार पहर पल अमृत पुर आती,
मधु बरसाती, नव यौवन दे जाती,
मधु मासिनी अनुजा नागरी,
ओ रात्रि-मयी-विहागरी।।

17 मार्च, 1948

(15)

निराशा

ठहर ठहर कर हार चुका हूँ
वार चुका तन मन अपना,
इस शून्य तिमिर तम में अब तो,
दिखता हा! जीवन सपना।।

कितना विकट घना अंधेरा!
जिसमें से मुझको जाना,
केवल दो हम साथी मेरे
उनका भी सब अनजाना।।

दूर इन्दु छिपा है घन में-
केवल बिन्दु जगत के साथी
सूनी भंवर पड़ी मग में रे
पग-पग साथ चली माटी।।

फूल फला आशा का और
फल दूर निराशा के रे।
श्वास बनी धूप निकलती
हवा दीपक का फिर आना रे।।

सूझ ठिठोली चलती चल,
तेरी सुन लूं आज कहानी।
देखूं मन्द पवन भाव कहाँ तक,
चल चलती चल ओ दीवानी।।

गंध कुसुम तू मार्ग बता-
भूख प्रभंजन हरते जाना!
चपल चमक की चपला मेरी-
दूर तिमिर करते आना!!

21 फरवरी, 1948

(16)

पराजित आज गीत मेरे

पराजित आज गीत मेरे
रण वाद्य के बीच, फिर क्यों शृंगार पे रे,
खड़क उठी टंकार हुआ, यह सेंधुर धारा,
हत आहत होकर, निजदान दिया तन सारा,
जब उठे कृपाण यहाँ, चल चितवन क्यों आई?
मारू वाद्य बजे जब, क्यों शृंगार समाई?
रण चण्डी स्वयं सजी, रण करने आई,
स्वयं देवी जहाँ, विजित कहाँ गीत मेरे

मधुमास यहाँ कोकिल बोली, नव सौरभ छाया,
लथी पथी भूमि, वीरों में नव यौवन आया,
चतुरंग सजी, किंशुक फूले करते स्तुति भ्रम भारी
चतुरंग सजी तुरन्त बजी, जूझे भूल सुध सारी
सुन्दर हिमकर उदित, लिए सुन्दर हिमराती
क्रोध वहाँ छाया, कलना न किसी के भाती
होंगें सफल न अब, श्रृंगारी गीत पे रे
पराजित आज गीत मेरे।।

शिवरात्रि
8 मार्च, 1948

(17)

युवती

नव यौवन उन्माद भरी,
नव आषाढ़ घटा सी सुन्दर
गौर वर्ण, गजगति–
चंद्र ज्योति सी उभर उभर।
मन्द चरण, इठलाता यौवन
सर्प डगर, जाती शून्य गगन
अनजाने गहन भाव मुख
निज कल पर मोहती मगन।।

कर पर पट, मस्तक पर घट, लिए चली ललना।
स्वयं शची पात्र लिए, जाती मन वरणा।।

मस्तक पर सेंधुर, बिम्ब–
भाल पर सुन्दर राजत,
शीश कुसुम उर हीरक हार,
मनोहर सुन्दर छाजत
बेसर, बिरिया, लाल अधर,
प्राकृत मुस्कान भरी,
कटाक्ष नयन काजलमय
विश्व विमोहन उभरी।

उपमाहीन भरा यौवन, तन मन हारी
भर नयन देख, भूले मन की सुधि सारी।।

सुन्दर उरज उरोजों की छवि,
अति अद्‌भुत मन हारी
गिरि श्रृंगनि सी नव आभा,
हिमधार-विभारी।
कंकन कर, हाथ अंगूठी राजत
तन से हो मिश्रित
द्विगुण विमोहन अप्सरा स्वयं
आई मोहन श्रुति विक्षुत
पग नूपुर, लचकती कटि कटिन
धरे युवती कर कटिपर,
झन झन ध्वनि ध्वरित ज्यों
बुलबुल ध्वनि भू पर।।

कुछ लचक लचक कर चलती, पनघट ओर,
ठहर ठहर कर देख रही प्रकृति चहुँ ओर।।

कभी खिसक पट उसका जाता,
शरमाती अबला चंचल,
कुछ मुस्कुराकर नयन उठाकर,
दशनों से अधरों फेनोज्वल

गगन रंजन से मिलकर
रंजित होती भू पर,
युवती उन्माद लिए जाती
संध्या पनघट पर।।

घट रखती फूली मन अति उल्लसित,
निज सखि या पनघट पर अति विस्मित।।

खींच उबहनी देख रही,
निर्वासित चोली से कसमस
खींच खींच अपना आँचल
प्रणय करती सखि से बरबस
तोड़ फिर आम्र और सहजन
पलाश पटल विहार
करती अमलताश से, सजधज
निज तन, मन सिंगार।।

अवलोक चकित घट पर सुषमाशाली
फूली निज हर्षित मिल अंतिम रविलाली

सोलह श्रृंगार विमज्जित
ग्राम वधू सुन्दर शाली
तड़ित वर्ण मय सुन्दर साड़ी
देख रही निज आली।

गोधूली की तिमिर पर ज्योतित-
वह पनघट भारी
छिटक रही चारू चाँदनी
तिय शोभा न्यारी।।

मन में रह-रह कर आता होती मैं आली,
खेल सखी संग लेती, भरमाती जीवन प्याली।।

हा! दो दिन का यौवन यह,
सपना सा छुप जाता,
जर्जर तन, श्रीतन मिटकर
मिटट्ी में मिल जाता,
तट का तिनका ठहरा तट पर,

लहरों में मिल बह जाता,
नभ का अद्भुत तारा वह,
नभ में फिर छुप जाता।।

रे दो दिन का जीवन उसमें क्यों-इतना यौवन।
कैसी क्रीड़ा? कैसा तृषित रे यह वातायन।।

22 मार्च, 1948

(18)

मेरी नौका धीरे-धीरे

मंद स्वरों में गाती चल,
मेरी नौका धीरे-धीरे।

सागर के उस सूने पथ में,
अंधकार के निर्जन वन में
मूक-प्रेम की निर्मल गाथा
गाती हो सारी अवनी रे।

मंद स्वरों में गाती चल,
मेरी नौका धीरे-धीरे।

व्यथाएं एकरूप बनकर
चिन्ताए-तरल रूप धरकर।
मृदु बालाओं सी लहरों में,
अदृश्य रूप बह जाती रे।
मंद स्वरों.........................

मस्त जहाँ मानस सोकर,
तज सपनों को आ मधु लेकर,
जिस तिमिर लोक की आभा में-
फैली हो ज्योति घनी रे!
मंद स्वरों.........................

नील नयन वातायन खोले
हीरों सी द्वार मधुर डोले
सागर-लहरों से चुंबन कर
गाये जल संगीत घनी रे।
मंद स्वरों ....

मधुर मिलन में आलिंगन
गिरता उठता प्रतिपल प्रतिदिन।
हास बनकर जीवन विलास,
मलयानिल बहती तीरे-तीरे

मंद स्वरों में गाती चल,
मेरी नौका धीरे-धीरे।।

जुलाई 1948

(19)

तम रजनी यह घोर निराशा

तम रजनी यह घोर निराशा
प्रिय घूंघटपट खोलो तो।
यह हृदय अंधेरी झोली,
नवज्योति भीख दे जाओ तो,
इन प्राणों में प्रिय करूणाकर
स्पन्दन भर लाओ तो
मधुर कंठ की उस वीणा से
जीवन गीत सुनाओ तो,
मेघों से सस्मित प्रिय –पलभर
करूणा पर अब छा जाये
इस शांत एकांत जगत में
मन फिर से हषाये

नैराश्य रूप तिमिर रजनी में, प्रिय! घूंघट पट खोलो तो,
हृदय अंधेरी झोली में, नव ज्योति दिखा जाओ तो।
प्राणों में करूणा का स्पन्दन, प्रिय! भर लाओ तो,
मधुर वेणु की वीणा से, जीवन गीत सुनाओ तो।।

मेघ सा यह स्मित प्रिय! पल भर करूणा पर छा जाये
स्तब्ध जगत में वाणी फिर, एक बार मंडराए!

मरू हृदय को एकबार सजल जलनिधि बन जाने दो,
जलपति! इस जले जगत को वृन्दावन कहलाने दो।।

दीपावली
29.10.1948

(20)

सुखी शरद

सुखी शरद में विश्व जब, सजी प्रकृति सब आज,
चिंतित तब किस भाव से, कहो हे गिरिराज।।

शरद के दिन सुख के हे प्रभो।
है नहीं हमारे लिए अहो!
गिरते सिर पर वज्र शर रूप हैं,
प्रलय ज्यों सृष्टि पर समकूल हैं।।

मेघमिल परस्पर जब साथ ही,
आलिंगन का आस्वाद ही।
चकाचौंध हो जाती सृष्टि सभी,
मिल आ टूट पड़ते हैं तभी।।

त्याग द्रुम देते निज पात डाल,
अकाल ही हो जाते जग से विहाल।
कण-कण में विभक्त शिलाखण्ड,
दब नष्ट होते जीव अखण्ड।।

यों यह फूली फली फुलवारी,
नष्ट होती सह न सकती बयारी।
आश्रित हमारे जब त्रास पावें।
कैसे प्रभो! हम सुखी कहावैं।।

स्वार्थ भावों से सम्बद्ध,
सीमित संसार है न सारा!
अपने सुख दुख में ही बंधा –
हुआ है न देश ही हमारा।।

एक भाव से परस्पर मिल,
सतत रत सदा परमार्थ में।
संलग्न सेवा-भाव से,
रहें प्रभो! इस संसार में।।

आज के मानवों सा न यह,
प्रिय! जीवन हमारा रहे।
जो निज स्वार्थ के वशीभूत-
हो, परस्पर लड़ रहे।।

मिलकर जब मानव मानव
एक भाव सभी परस्पर।
करें निर्माण जगत में,
मानवता का लोकोत्तर!!

ले अनंत ज्ञान रहें नर
प्रेम परस्पर सुख से भू, पर।
मिले मानवों को ऐसा,
स्वर्ग धारा पर, हे ईश्वर।।

अक्टूबर 1949

(21)

हम सुख के लिए तरसते हैं

हम सुख के लिए तरसते हैं
पर सहज सुलभ सुख सावन कृषकों पर गिरते हैं।

हम उन्हें दीन समझते
भिखमंगे, नंगे कहते,
नहीं जानते रहन सहन, धन वैभव धरते हैं
हम सुख के लिए तरसते हैं।

उपजाते खेतों में अन्न
नहीं जिससे कोई सम्पन्न
छोड़ते जिसके लिए गृह द्वार
तज देते अपना सुख संसार
गृहस्वामी ये, अपना भव-वैभव भरते
हैं

हम सुख ....

गोधन के ये धनी अपार
सुधामय इनका संसार
नहीं किराये भाड़े पर चलता काम
नहीं दीखती ऊपरी टीमटाम
सहन, श्रमी, निडर-हमसे नौकर रखते हैं

हम सुख के ....

नहीं उनमें वैर विरोध
है यद्यपि अज्ञान अबोध,
नहीं ईर्ष्या, द्वेष, दंभ, आदरभाव
नहीं धर्म, शाखा, मत हाव-भाव
विधिरूप, बालबोध, ये सुख सृजन करते हैं।
हम सुख ....

कर सकते हैं सच्चा ये गर्व,
मना सकते हैं उत्सव पर्व
परिवर्तन कर सकते, युग निर्माण
भर सकते भाव कल्याण,
ये प्रवर तपेश्वर सुख के लिए तरसते हैं
हम सुख के लिए..............

29.11.1949

(22)

झोपड़ियों में दीप जलाना है

झोपड़ियों में दीप जलाना है–
महलों का अस्तित्व नहीं है,
मुक्ताओं पर गर्व नहीं है,
इन महलों के वैभव से
झोपड़ियों को आज सजाना है।

वह दीनों के रक्त मांस से निर्मित,
करुण कथाओं से यह गुंजित,
अभिशापों का है जिसमें संसार
अश्रुकणों का है भण्डार
जलती हैं अबलाएं जिसमें
धूमशिखा सी ममताएँ
जिनकी मुक्ति हेतु हमको
इन जलती झोपड़ियों में जाना है।

वहाँ–
वह; दया, धर्म, दान–
का अक्षय भण्डार
स्नेह, श्रद्धा, त्याग–
का रे न वारपार।
नीरव पर स्वर से भरा
दूर किन्तु हरा–भरा
दुख में पला
किन्तु सुख में ढला।
है अश्रुपूर्ण किन्तु मिलन पल के निकाले

दिल के प्रबलताओं के गीत यहां-
अबलाओं के मुख में धुलके;
झोपड़ियों में हमको-
महलों का मधु रस बरसाना है।

कहाँ ढूंढ रहा बावरे।
तू भूला भूला
अलि सा भटका
फूलों में फूला फला;
अरे! बाग में फूल लगे हैं
मत कोई भुला जाना,
तोड़ न लेना रे माली!
नादानी से है तू अनजाना।
सोने के दीप नहीं
हमें तो मिट्‌टी के दीप जलाना है
महलों का श्रृंगार नहीं
हमें तो झोपड़ियों का श्रृंगार सजाना है।

कनक कलशमय प्रतिमा होंगे
हमको पत्थर के देव पुजाना है।
माया को त्यागो प्यारे।
केवल अक्षत से उन्हें मनाना है।
यहीं कहीं ओट में छिपे देव हैं-
भूखे हैं,
नंगे हैं,
स्वयं हमें भूखे, नंगे रहक उन्हें बुलाना है।

आओ सारी वसुधा का सुख संचय करदें,
स्वर्ग और सिद्धि यहीं पर सब भर दें
महलों को रहने दें
मरघट के साज सजाने को।
झोपड़ियों को खोलें
नवयुग के नवदीप जलाने को। 13.1.1950

(23)

पनघट पर!

नवयौवन
उन्मादभरी
नव आषाढ़ धटा सी सुन्दर
इठलाता यौवन
श्याम वरण मंद चरण
चंद्र ज्योति से उभर उभर

कर पट पट
मस्तक पर घट
यह हरती
स्वंय शची,
मानो जाती
पनघट पर!
मस्तक पर सिंदूर
बिम्बभाल पर
सुन्दर राजत
शीश कुसुम
उर हीरक हार
मनहर छाजत
कंकर कर-
हाथ अंगुठी धर
पग नुपूर
छन छन ध्वनि

बुल बुल ध्वनि
ज्यों भू पर!

लचकती कटि
घटे कट कटि पर
कुछ लचक लचक कर
कुछ ठहर ठहर कर
अवलोकति
प्रकृति
जाती युवती
पनघट पर!

सोलह श्रृंगार विमज्जित
सुन्दर शाली
ग्राम वधू
ढक
हरित वर्णमय साड़ी
बन इन्द्रधनुष
तन मिश्रित
होती भू पर अंकित।
घट रखती
अति उल्लसित
पा ग्राम युवक
प्रेमी याचक
शरमाती अबला
कुछ मुसकाकर
नयन उठाकर
विश्व विभोरन
कटाक्ष नयन

कज्जल सज्जित
धरती
पनघट पर ---------------

देख रही-
खींच उबहनी
चोली से कसमसक
सुन्दर छवि
खींच खींच
अपना अंचल
बरबस
प्रणय करती,
फिर
तोड़ आम्र सहजन
पलाश पाटल विहार
अमलताश और हर सिंगार
मौनसिरी कुंध कनेर
बेला जूही चमेली
से करती
निज तनमन सिंगार!
फिर हर्षित
गोधूलि की तम
पर ज्योतित
निज छवि से भर
लटकती
छटकती
छोड़ हृदय
(जाती घर)
पनघट पर! --------------

(24)

निठुर प्यार रे!

दीप जल रहा,
नेह की माँग पर

शलभ जल रहा
ज्वाल की याद कर!
संयोग हाय रे
निठुर प्यार रे!

कुसुम कर रहा,
लो संचित पराग
भंवर गा रहा
ये प्रेम पराग
चूमता आज रे
निठुर प्यार रे!

सलिल कर रहा
स्वछन्द हिलोर
थकित पपीहा,
भरता मृदु शेर
विपुल प्यास रे
निठुर प्यार रे!

सबके उर प्रिय
क्यों विरह तान
निष्फल सबके
क्यों मिलन गान
जग में प्रिय, दुख
के करूण शूल
गा न सकते, सुख
के तरूण फूल

वृथा अभिमान रे!
निठुर प्यार रे!!

दिनांक 23.12.1949

(25)

मेरे उर की करुण कहानी

उससे पूछो, मेरे उर
की करूण कहानी
'जिसने प्रिय दुख पाला हो' !!

जिसने पहिना हो-काँटो-
का हार, बना फूलों सा,
झेला जिसने-तूफानों-
को पा, प्रिय आलिंगन सा,
उठा हलाहल जिसने पी
डाला हो, मधु अमृत सा

निज उर बाहों के कम्पन
में, मिल सिहर सिहर
प्रिय! मुस्काना सीखा हो,

लुटा देता हो अपना सुख
जो जग की मधुशाला में
तम हरता हो पतंग सा
जलदीपक की ज्वाला में
हों वरदान बनें आँसू
गिरते मटकत प्याला में
पर हित में - होम लगाकर
प्राणों को जिसने
पथ की धूल बनाया हो !

2 जनवरी, 1950

(26)

अनश्वरता

नश्वर संसार और यह अनश्वरता
दो पल, केवल दो पल,
भू के ऊपर, और आकाश के तले
मुसका रहे हो मुसका लो!
आह! कैसा अहसास,
तुम अपने गर्व में,
अपने उत्सर्ग में,
अपनी महानता में
अधिपति बन पुलकित हो रहे हो!
भूल गये अपने दिन
और भविष्य
आह कितना बिखराव
कितना कुंठित!
आज अपनी स्मित से
भू नभ एक कर रहे हो
अमृत की धार से सुधा का सिंचन
आशा की निराशा पर विजय
काम से अज्ञात
श्वेताम्बर
भू लोक के अनंत देव

हँस लो हँस रही हो!
मुसका लो
फूल फूलते हैं
फल लगते हैं
किसलय
चंचल
कोमल,
शादूल
वन पर्वत, प्रकृति हरित वसन धरती है।
सूर्य उदित होता है-
तेज, प्रखर, तीव्र,
सुख और फिर दुख
दुख और फिर सुख।
जो आज उदित है, कल अस्त है,
आज के भिखारी, कल के धनी
आज के मायापति कल के भिक्षु,
बस नियति नहीं थी क्रीडा,
इसी तरह अविरल सतत चलती है,
आज जिन नक्षत्रों पर शासन कर रहे हो,
कल तुम पर वे ही शासन करेंगे
दो क्षण अपनी अनश्वरता-
पर गर्व कर लो,
फिर वही रोना है,
आज का अमृत, कल विष होगा।
आज की आशा, कल की निराशा होगी-
आज का प्रकाश,

कल का अंधकार,
और फिर सारा गर्व चूर होगा,
उस दिन,
ठीक उसी दिन
शीध्र ही,
हे निशिपति!
तुम्हें इस नहीं का, न ज्ञात होगा,
और होगी ज्ञात यह
नश्वरता
प्रिय! फिर,
नश्वर संसार और यह अनश्वरता कैसी!

31.12.1949

(27)

नव इतिहास

ह्रास बने वे सपने,
अब न रहे अपने,
मानव की बर्बरता बीच-
हुआ पशुता से संयोग
पुच्छ-विषाण-हीन मानव-
पशु ही तो है!
यदि हो वह मानवता शून्य
वह मानवता है निस्सार
जहाँ नहीं-
क्षमा, दया और प्यार
मानव का मानव करते रक्तपात,

मानव पर ही मानव का आघात।
दुर्दिन, तरस रहे दाने-दाने को।
स्वपन मौन!
कौन पूछता -
भूखा नंगा
तड़प रहा-
वह मनुज मौन?
वह अकाल
पूंजीवादी देखते थे

क्षुधाग्रस्त मानव कंगाल!
जीवन पाकर
थे जो, जीवन से बेहाल!
सूखे लकड़ी से हाथ,
लाकर मुँह के पास
विलख-विलख अनजान
तोड़ रहे अपनी सांस
पेट, पीठ पूछो मत,
रुंधे कंठ के द्वार,
जी की जलन बताती
उनकी व्यथा अपार!

जीव नया पाया जिस-
गोद में लाड़ दुलार
बिना कफन, नहीं सोए-
शिशु सुकुमार!
कलियुग के युग में-
मानव कुत्ते एक घाट हैं,
वह धूल सना रोटी का टुकड़ा,
दोनों झपटे,
वह गुर्राया
वह चीखा।
अट्टहास हा!
गूँज रही थी-
ऊँची मंजिल उन महलों की।
छलक रहे थे
मादक प्याले।

यह संसार
मृत्यु जहाँ एक का जीवन
जन्म दूसरे का अधिकार।
कितने शिशुओं ने तन छोड़ा
युवकों ने संसार
वृद्धों का पूछो मत,
उनका क्या अधिकार?
और वह वृद्ध
भूखा गंगा के तट पर
सांसे तोड़ रहा था,
उसने दोहराया
गीता का वह श्लोक-
"यदा-यदा हि धर्मस्य ग्लानिर्भवति भारत।
अभ्युत्थानमधर्मस्य तदात्मानं सृजाम्यहम्।।"

चढ़ने वाला गिरता है,
परिवर्तन होकर कहता है!
करूणा की ओर से,
फिर निकली झंकार
कण-कण में वीरता का
फिर हो गया संचार।
पलटा फिर युग
नीति, धर्म-
खुल गए बंधपाश।
केशव ने अवतार लिया था
करने दुष्टों का नाश।।

आज तिरगें के गौरव ने
लिख दिया उस युग का इतिहास
होने आया है अब
पूंजीवाद का विनाश।
अब मजदूरों का भारत होगा
होगा मजदूरों का राज
अपना स्वराज्य
शुभदर्जा जीवन पावेगा।
अपनी रीति झोली भर-भर
मानवता के गुण गावेगा।
नवसृजन, नवसृष्टि
छा जावेगा, नव उत्साह
फिर फिर न दोहराना होगा
कंकालों का वह इतिहास!

जनवरी 1950

(28)

कवि का मधुमास

बेसुध सा,
सूने मंदिर में-
बैठा कवि सहसा चिल्लाया-
"यह मधुऋतु है-"
है मधु से भी मतवाला,
यह मधुबन,
गुंजार मधुर अलि की,
है पिक के पंचम में कंपन
मलय से भी मतवाला
यह मलयानिल,
झर-झर झरता सबसे मतवाला
वह स्रोत सलिल।
मधुर स्वरों में जो
पागल सा गाता-
यह मधुमास है
यह ऋतुराज है।

यह मधुबन है
या कुसुमों का कोमल सदन
तारों से भरा गगन है
या कल्पना का अक्षम जीवन

हँस-हँस कर झूम रहे हैं,
तरू और लताएं सब
प्रेम परस्पर मिल कर
करते आलिंगन।
कहते "जग में प्रिय
शाश्वत यौवन
शाश्वत जीवन
शाश्वत जीवनधन
है शाश्वत मानव का
अपनापन।"
और आकर विनीत बार-बार
कर जाता है पुकार-
"यह मधुमास है
यह ऋतुराज है"

मधुवन के बीच
यहाँ नवबाला
उर्वशी
कि है वह साकी बाला।
चमक रहा आँखों से
भोलापन,
उभरे वक्ष स्थल से
प्यार भरा स्पन्दन।
संगीत नूपुर ध्वनि
के चरणों का
करता वंदन

उसका भी कोमल सा राग
कुसुमों सा बलिदान
है निज यौवन का
उसको पूरा अभिमान
वह स्वयं मधुबन
और स्वयं मधुशाला
अरे! बंसत के प्यासो!
यही स्वयं है मधुबाला।
गाती निज मुख से फिर बार बार
द्विगुण बंसत की कर पुकार
"यह मधुमास है
यह ऋतुराज है।।"

सिहर उठा कवि इतने में
सुन भीतर से क्रन्दन,
तड़प रहे थे बच्चे भूखे
करती थी पत्नी रोदन।
"सदा अभाव रहा है मेरे जीवन में
ऋतु चाहे कुछ भी हो,"
इस प्रिय ऋतु में भी हे प्रिय!
करूणा का अभिनन्दन हो
जीवन तो चलता ही है,
सुखमय हो
या दुखमय हो,
एक बार फिर करें पुकार
"ऋतुराज तुम्हारा स्वागत हो
ऋतुराज तुम्हारा स्वागत हो"

फरवरी 1951

(29)

मेरे सोये भाग जगा दो

मेरे सोये भाग जगा दो,
घर में चाहे आग लगा दो,

तुम गंगा सागर सी पवित्र, मैं लघुशंका का गडुवा हूँ,
तुम मौमनदार कचौड़ी, मैं घासलेट का लड्डुआ हूँ
दही न हो तो मठा पिला दो, मेरे सोये भाग जगा दो,

तुम पढ़ी लिखी हो समझदार, मैं अनपढ़ मूरख लुक्का हूँ,
तुम चिलम चमेली चतुर नारी, मैं भोला भाला लड़का हूँ,
फूंक मार कर मुझे उड़ा दो, मेरे सोये भाग जगा दो !

मैं दस्तावर चूरन सजनी, तुम हो खट्टी मीठी चटनी,
मैं हूँ बर्लिन का मस्त ऊँट, तुम लंदन की सुन्दर ऊँटनी,
हल्की सी इक लात लगा दो, मेरे सोये भाग जगा दो!

जब तुम बी.ए. में पढ़ती थीं, जब मैं जूते गांठा करता,
जब तुम बंगले को जाती थीं, तब मैं तांगा ठोका करता,
अपना पायदान बना दो, मेरे सोये भाग जगा दो,

तुम कविता, मैं तुक मिल्ला, तुम बिल्ली, मैं बागड़ बिल्ला,
तुम रसभरी इमरती हो, मैं हूँ बासा नीरस रसगुल्ला,
एक बूँद मधु रस टपका दो, मेरे सोये भाग जगा दो,

तुम अमल ताल की मछली हो, मैं रेगिस्तान का ऊँट सखी,
तुम भोली भाली चप्पल हो, मैं बाटा का बूट सखी,
खाने में राशन दिलवा दो, मेरे सोये भाग जगा दो!

23.11.1947

(30)

कोई सपने में प्यार किया करता है

जब रजनी की गीली पलकें,
भर देतीं झींगुर में स्वर,
नीरवता के मुख से मुखरित,
हो जाता मृदु रव सर भर
छुप जाते अलकपाश में जब,

दिनभर के सुख बिखर-बिखर
स्वप्न सजीले झूमझूम कर
मस्तक पर आते उतर उतर

बेसुध-सी निद्रा सहलाकर,
ले जाती अलबेले जग में सत्वर
छिपे ओट में मीत पुराने,
सहसा जागते बिखर इधर-उधर।

न जाने फिर आते कौन
बन सजल सजीले मौन।
चलचित्र सा मस्तक मंच पर
कौन हँसाया और रूलाया करता है।

विविध विधान सजाकर मुझसे
कोई सपने में प्यार किया करता है।

25.3.1950

(31)

कौन यहाँ पथ दिखलाता है इस अंधियारी में

कितनी गहरी यह रेखा है
आदि अंत नहीं कुछ देखा है
बिखर रहा है वरदान किसी का
इस अंधियारी में

ये झिलमिल झिलमिल झिलते हैं
नीरव जुगनू से खिलते हैं
हैं प्रहरी देवदूत जो
छाये इस पथ में!

इनके पास नहीं वैभव है
गर्व नहीं और न कुछ सौरभ है
है त्याग हृदय मर मिटने की
साध यहाँ इनमें

मौन उतर नभ से अवलियाँ
बिखराती थल में मुक्तावलियां
भू में स्वर्ग बनाता कोई
इस अंधियारी में

कौन यहां नर्तन करता है
मूकस्वरों में स्वर भरता है
बरसाता गीतों से मधुरस
जल थल अंबर में!

देखो तो
कितना प्यार उमड़ इन नयनों में आया है
सर्वस्व लुटाने का भाव कहाँ से घिर आया है
मिल शलभ पतंगो से गाता कोई कहानी
इस नूतन जग में!

कौन यहाँ पथ दिखलाता है
इस अंधियारी में!

(32)

अज्ञात अप्सरि-सी

कौन तुम अज्ञात अप्सरा सी
चुरा रही हो नींद के नयन

हाँ याद है देखा कहीं तुम्हें
जब लिपटा रही थी तुम तरू से बेल सी बाहें
आ रहीं थी फूट कर कली, भरती रही आहें!
और, बह रही थी गंधवाही पवन उद्यान में
संभालती सी आँचल, दिख रही थी मैदान में
कूक कोयल, तरू की डाल से,
झुला रही थी तेरे वसन!

हाँ याद है देखा कहीं तुम्हें,
राह देखती सी तुम खड़ी मंदिर के द्वार में
टकटकी लगाये सताये नयन से आकाश में,
वह श्यामसाड़ी मिल यौवन के सुनहरे रंग से
फूटता हो वर स्रोत गहरे किसी खडंहर से,
झूमते नागिन से अलकों में
मेरा झूलता जा रहा मन!

हाँ याद है सुना कहीं तुम्हें
कोयल के करूण स्वरों में प्रिय को पुकारते
भटकती तुम पागलों सी विरह के गीत गाते,
देखता पनघट में कहीं मनघट को बसाने,
इन टूटे हुए तारों को फिर फिर से मिलाने
उतर आ रहा स्मृति पटल पर
तरंगों सा लहराता सदन !

19.11.1950

(33)

बापू की अरथी

कहाँ ले जाते हो, खीचें
केवल किंचित जन मिलकर
इस भीषण अरथी को।
यह अरथी, निष्प्राण, वायुशून्य
मृतिका एवं
निर्वाण मार्ग पर
लिए मौन संदेश अमर
अरथी, यह
मानव तन की,
स्नेह, श्रद्धा, त्याग,
तप, संयम, सुहाग
सजल, उर्वर,
कोमल बंसत
शृंगार सुषुम शरद
विश्वभर में गुंजरित
अलि सा मंजरित
भूलोक का नक्षत्र एक
शुक्र सम विवेक!
अरथी यह–
वसन रहित वास विहीन
म्लान मुख, दीनहीन
तन, मन, धन
देह, दान, प्राण
शून्य प्रकाश–

उस बाग का फूला कुसुम-
पा न सका चरम विकास
सहसा गिरा दूर,
आवरणहीन
कुत्सित धृणारूप
बन गया आज विश्व को हाय
मानव भी जीवित,
बन जाते शव समान,
शव भी पा जाते,
रूप रंग आदर,
विधि विधान!
यह सिद्धांत जगत का
रूका कोई समर्थ पलभर
गए भूल संदेश अमर
नृतकों का मृतक
है जीवतों का ईश्वर
अरथी यह-
जा रही, नहीं
मानव की
वह तो श्रद्धास्पद
है मानवता की
अमर हुआ जो,
पाकर मृत्यु
कर गया
जा ज्वल्यमान
नीले निलय तले
इस शून्य शव को।
देखो बापू की इस भीषण अरथी को।।

2.1.1950

(34)

गीत मुझे गाने दो

गदर्व स्वर में गीत मुझे गाने दो
साथी मन की इक आग बुझाने दो

रह-रह एक ज्वाला सी उठती है
असह्य वेदना प्राणों में भरती है
मेरी इन भीषण हाहाकारों को
साथी उन गीतों में गल जाने दो!

उषा जब प्रातः ज्यौंही जगाती है
संध्या सोने से सपने ले जाती है
इन बंदी द्विज वृन्दों के गीतों से
कुछ गीत हमारे भी मिल जाने दो।

है दूर क्षितिज पर, दिखती गिरीमाला
स्वर्ण शिखर की सुंदर शीतल शाला
मेरे प्राण पपीहे को साथी
प्रीतम के पाने की अमर लगन लगाने दो।।

दूर किसी का जब क्रंदन सुनता हूँ
जीवन की भूलों को जब गुनता हूँ
सुख-दुख के इस भीषण पर्दे पर
साथी, वर्षा की बौछारों को पड़ जाने दो।।

देखो कूक रही है कोयल काली काली
गाती जीवन की करूण कहानी मतवाली
मत रोको मर्म व्यथा कहने दो
उनके गीतों में गीत मिलाने दो।

है अधिकार सदा नदिया को सागर का
फिर उसमें उठने वाले बड़वानल का
ढाल सकें जो अपने-अपने स्वर में ढालें
लेकिन साथी गीत मुझे लिखने दो
साथी मेरे गीत विहंगों को उड़ने दो।।

गंदर्व स्वर गीत मुझे गाने दो

(35)

सखि! स्वरों में गीत सुनाता जीवन !

मधुकरि सा पराग के नित
प्रकाश में संचित करता
शशि किरणों का सुहास बन
आता उर कम्पन भरता।

पतझड़ सा आकर जरा-
मरण का दृश्य दिखाता
फिर जीवन में प्राणों का
वह नव संशय भर जाता
सहसा सिहरन भर लेता, आकुल मन।

अलि सा उड़ता नवदेशों
से श्री सौरभ भर लाता
यौवन के इन्द्रधनुष में
तब आकर फिर छुप जाता।

सांझ रात के युग में वह
दुख-सुख का अनुभव करता
शैल गिराओं में गिर उठ
आता अंधकार चरता।

रवि किरणों में लुट जाता मेरा धन।

36

नयन भी नील

बहुत मिलते–जुलते दो लोग
गगन भी नील, नयन भी नील

गगन का जीवन है दिनमान
जवानी है तारों की रात
गगन के आंगन से धनश्याम।
मचा देते दिशि निशि बरसात।।

फेंकता जीवन पर आलोक
नयन का सहज अमंद प्रकाश
उमड़कर नयन गगन में मेघ
मिलाते नयनों का आकाश।
गगन का चन्द्र निकेतन नील
नयन का हर आंगन झील।।

(37)

नए भारत का निर्माण

इस बगिया में है पहला ही मधुमास अभी,
इसके हर तिनके की पहली अंगड़ाई है।
नादान अभी है, बड़ी बहारों की दुल्हन,
जो अभी-अभी अपने प्रिय के घर आई है।

है नीड़ बनाने लगे पखेरू डालों पर,
पिछले तूफान ने बेघर जिन्हें बनाया था।
वे भुला धीरे-धीरे उस दुर्दिन को
जो वसुधा पर विप्लव की बदली लाया था।

सब भूल रहे हैं, जो सब शूल रहे हैं,
नवयुग का हम नव निर्माण करें।

ऐसा लगता है नई सुबह का हर पंछी,
अलमस्त जवानी के स्वर गाता है।
धरती पाने वाली है फिर नूतन सिगांर,
पूनम का चाँद सुधा बरसाता है।

यह नए सुबह की हवा नया जीवन देगी,
उत्साह जगायेगी मजदूर-किसानों में।
फिर हराभरा-सा दिखेगा मेरा, भारत,
जो बसा हुआ है खेतों में, खलिहानों में।

छोड़ें छल कपट, झूठी ममता माया को
जन-जन में फिर नये प्राण भरने को।

अर्चन होगा तुलसी के राम सीता मैय्या का
मीरा की मस्ती गाकर मानस डोलेंगे
पूजन होगा सूरा के कृष्ण-कन्हैया का।

वे कालिदास के मेघदूत बन सावन में,
वसुधा के घर कुछ नया संदेशा लाएंगे
आल्हा, ढोला, रसिया से गूँज उठेगा न
सखियों के दल कजरिया मल्हार गाएंगे

गाओ सब मिलकर खुल कर गाओ
मन के बंधन दूर करेंगे।

तुम भी जागो, इस युग की गति को पहचानो
इस नई डगर, पर सबको चलना होगा
धरती पर विजय मिलेगी मानवता को
तुमको अपना संधान बदलना होगा।

मैं कहता हूँ इसलिए कवियों, सावधान
आलस छोड़ो, आओ भैरवी बजाने
मौका है पहचानों आजादी की कीमत
अब लग जाओ भारत को सजाने

कर्म करो अपना मर्म जरा पहचानो
कंकर सारे दूर हटेंगे।

कितने नए संकल्प संजोए हैं हमने,
अपने घर को फिर खुशहाल बनाने को।
कितनी योजनाएं बनाते नित प्रति
इस बगिया को फिर सजाने को।।

हमने खून बहाया है, पहले,
अब यह पसीना एक कर देंगे।
नए गीत यहाँ सब गाते हैं,
नए भारत का हम निर्माण करेंगे।

5 जनवरी 1952

(38)

प्यार से

प्यार से
प्यार मेरे चुप रहो तुम,
लौ दीप की जब तक जलती रहे।

तिमिर में तू भला,
कि आलोक का रे गेह तेरा।

दान क्या दे सके तुझे,
स्वयं जो दूसरों के दिये पला।
तू चला नेह पथ पर -
किरन का क्या काम रे!
करने लगा जब प्राण सौदा
अरूण का क्या काम रे!

लड़खड़ाती लौ जल रही,
प्राण अरमानों के सँजोये,

बढ़ रहे हैं क्षुद्र-भुनगे,
गीत प्यार में भिगोये।
सम्बल नेह का -
न सम्बल इन्हें दीप का चाहिए।
प्राण देकर मिटें -
मिटकर निर्माण प्यार का चाहिए।

संभल कर चलो,
समझ कर चलो,
कि जग में नहीं सब मीत तेरे,
गा नहीं सकते दीप क्या
प्यार के गीत ये रे?

प्रेरणा खड़ी, प्राण को पुकारे,
मचलता प्यार छन्द बनकर किनारे,
हँस रही किरण माला कि -
कब तक मौन ज्वार प्यार का रह सकेगा?
कदम बढ़ चुका फिर कैसे रुक सकेगा?
प्यार के बीच, दीप ये मीत रे!
चुप रहो कि जब तक स्वास जलती रहे

ज्वार मेरे चुप रहो तुम,
स्वास दीप की जब तक जलती रहे

(39)

तुम कौन हो?

इस सूखे पतझड़ को तुमने,
कोमल मधुमास बनाया,
निज स्वर की स्वर-लहरी बन,
अधरों पर गीत बिछाया,
उठती दुख की आँधी में तुम,
सुख की अमर लहर बनी!
झूम उठा यह मानस मेरा,
तुम उसमें मकरंद बनी
मेरे शूल में, खिल रही फूल-सी
तुम कौन कहो, मेरे...

जब मैं कुसुम बन खिला,
तुम बनी कोमल कांत छाया
मृदु पंखरियों में मधुकरि-सा
तुमने वह कमलदल सजाया
बन दामिनि मुसकान भर दी,
विस्तृत नीले-निलय में,
झूल उठा जीवन शतदल-सा,
पाकर प्राण मेरे हृदय में।
मेरे शशि-वदन में, शशि किरण सी
तुम कौन हो, मेरे...

तृप्ति बन यौवन उमंगों में,
तुमने सरस बरसात भर दी,
रूप के दो नयन बन, मरुभूमि
पर मुक्त-नेह की बूँद भर दी।
अक्षय सुहाग का वरदान लेकर
तुमने मुझे अमरत्व दे दिया,
कैलाश से उतर मानस में
स्वर्ग का तरलत्व दे दिया।
मेरी मधुशाला में, मधुबाला-सी, तुम कौन हो?
मेरे हृदय सीप में, स्वाति बूँद-सी, तुम कौन हो।

(40)

क्यों?

क्यों मोमदीप-सा जलता-
जलता घुलता जाता हूँ?

रजत-श्वेत आँचल ले बिलख रही राका रानी?
पद्‌म कोष में बिंध कहता अलि करुण कहानी?
भर देते क्रंदन रजनी में झींगुर के स्वर?
कौन पिघल कर देता आँसू से बगिया तर?

कौन व्यथा उर की, क्यों तुम्हें सुनाने आता हूँ?
क्यों मोमदीप-सा जलता-जलता, घुलता जाता हूँ?

रोता सागर सूने तट में क्यों चुपचाप अकेला?
रोते तरुवर पतझड़ में, किसने उन्हें ढकेला?
मैं देख रहा हूँ प्रकृति में विषम विष की ज्वाला,
साँझ-प्रात के गीतों में किसने यह आसव ढाला?

व्यथाभार से रोते तुम, क्यों मैं रोने आता हूँ?
क्यों मोमदीप-सा जलता-जलता, घुलता जाता हूँ?

अंतर में धरने से दिन-दिन भार सदा बढ़ता है,
परमार्थ हीन जग से कुछ कह दूँ, वह हँस देता है।
मेरे इस बंधन की छाया का है क्या पार नहीं?
झूठा जग सारा क्या मेरा कोई आधार नहीं?

मैं बंदी क्या? जो नहीं किसी से कह पाता हूँ।
क्यों मोमदीप-सा जलता-जलता घुलता जाता हूँ?

(41)

अरमानों-सा कौन जलाता

अरमानों-सा कौन जलाता,
यह भट्टी की ज्वाला रे!

मन में नई उमंगे लेकर, ऋषि सा ध्यान लगाये,
अरमानों सा कौन जलाता, यह भट्टी की ज्वाला रे!
ओसकणों-सी मधु बूँद बूँद में, नव जीवन-पाता,
अल्हण सा गिरता उठता, मधुशाला के आंगन रे!

हरी धरती, नीला अम्बर, गीत मिलन के गाता,
आशा-दीप जलाये बैठा, भय का भूत भगाता रे!
मधु-प्रिय के घूँघट से देख रहा, नव विस्मृत की छाया
नीले पीले कुसुमों पर भी, इसने सौरभ डाला रे!

तरु शाखायें बोझिल होती किसने यह रंग जमाया,
झूम उठा वह मस्त समीरण, कोकिल गीत सुनाया रे!
श्यामल घाटी में निर्झर झर, कहता प्रेम कहानी,
मदिर कण घोलती चाँदनी, शुभ नवल मधु राका रे!

प्रकृति से आलिंगन करता, मधुकर-सा पीने वाला,
"अमृत से भी मीठी" कहता, मेरी मधुशाला रे!
वह स्वयं कवि और कविता, बना इक छंद निराला रे!
देखो ऋषि-सा ध्यान जगाये, बैठा पीने वाला ये!

(42)

बिखराव

नहीं थी जिंदगी
छलकते हुए जाम की तरह
फेन के भरे दूध की सी
नहीं अधूरी!
क्या हुआ ये अचानक
कि सब कुछ बिखर गया
और क्या चला गया
क्या था तुममें
मेरी जिन्दगी को जो
छल गया!

(43)

मेरा गांव

गहन अंधकार
चमक और बिजली की दहक
कीचड से भरा है सबकुछ
भौंक रहे हैं कुत्ते
लेकिन--
मोतियों से रिमझिम पानी में-
मैं देख रहा हूँ-
झोपड़ियाँ
ग्रामवासियों की!

मिट्टी के तेल की लालटेनें हैं
बिजली नहीं है गांव में
हाँ, इस बीसवीं सदी में
बिजली नहीं है,
मेरे गांव में
हां, मेरे गांव में,
जहां मैं पैदा हुआ था!
एक बूढा देखता है
आँख फाडकर--
कहता था जिसे मैं 'काका' दि अंकल
अरे! उसने स्वागत में कहा--

बड़े आदमी हो गये हो तुम!
धनपति भी!'

'नहीं 'काका' मैंने कहा--
'न कोई धनपति है न कोई गरीब,
गरीब होना तो वरदान है
कठोर परिश्रम करता है उससे आदमी,
नये आयाम बनते हैं उसके!
उदार हृदय और प्रेम के बीज!

अरे, काका कितने खुश हो तुम
कुछ भी नहीं है तुम्हारे पास दर्द के लिए!
लेकिन रक्त पिपासुओं की कथाएं
दर्द से भरी
नहीं जो रहने देती शांति में
समूचा मनुष्यत्व दर्द से भरा है!
'काका',
ये अखबार धूल भरे गुब्बारे हैं
तुम नाचते हो,
तुम गाते हो,
बिना भोजन के सुखी हो तुम!
हम डरे और परेशान हैं-
अखबारों से--
तब सुखी कौन है?

भरोसा नहीं होता,

‘काका’ सिर हिलाते हैं
मैं मुक्त और स्वतंत्र हूँ
मेरे लिए है हर दिन सप्ताहंत!
बेहद सुखद!
महानगरों की आवाजों से दूर हूँ,

काका को मैं चाहता हूँ,
मुझे मेरा गांव प्रिय है!
मोतियों से रिमझिम पानी में--
मैं देख रहा हूँ--
झोपड़ियाँ
ग्रामवासियों की!

(44)

कुछ नहीं

अकेले
बिताते हुए इस शाम को
और बहुत सी शामें
आकर खा जाती हैं
सब कुछ है वही
एक तुम नहीं हो-
और तुम नहीं हो-
ये जो कुछ है
कुछ नहीं है वह।

(45)

एक प्रतिक्रिया

किस नक्षत्र
किस ग्रह
किस तारे
किस जन्मकुन्डली में
मिले थे तुम।
आज तुम नहीं हो।
आज तुम नहीं हो।
तो सब क्रम
टूटता सा जान पड़ता है।

(46)

क्यों

क्यों
मेरे
पलकों के पौधों से
उगी हुई नींद
जो देती थी मुझे चैन
छीन ली है
किसने
सहसा
आखिर किसलिए।

(47)

दूरी

बहुत दूर हो तुम मुझसे
लेकिन बहुत पास भी
तुम्हारे स्पर्श को पहचान पा रहा हूँ।
इस अंधेरी रात में!
तनहा है सब कुछ
रात भी अंगड़ाई लेती है
किसी के सहारे
बैसाखियों के मुजरिम नहीं
वे भी
लड़खड़ाते हैं।
उनसे तो अच्छे हैं जो कैद हैं
जो छूटे हैं
भूखों मरते हैं
तुम कहाँ हो –
बता दो, हमें।

(48)

एक तुम

जाम भी है
शाम भी है
फिजा भी है
हवा भी है
सब कुछ है वही –
एक तुम नहीं हो
सचमुच
कुछ नहीं है।

(49)

क्षण

मेरे दोस्त
बहुत दूर हो तुम
सिर्फ खतों से
लबों का प्यार नहीं मिल सकता
चंद लकीरों से
जिंदगी बनती नहीं
सोचने से सचमुच
जिंदगी सिमटती नहीं
रहोगे दूर
मिटते हुए उन
क्षणों तक।
मिटने के बाद
जिंदगी बनती नहीं।

(50)

तुम

आकाश से सुनहरे पत्ते
गुलाबी रंग की झील में झर रहे हैं
तुम्हारी याद की तरह।
तुम्हारी मौन आकृति
जिनकी फिजा इस कटधरे में
कैद है अब भी
बुत बनी हुई
अपने आप कुछ बोल रही है
आकाश और झील के
सुनहरे दर्पण में
कौन आकर टिक
गया है –
कहीं तुम्हीं तो नहीं।
शायद तुम ही हो
तुम्हीं तुम्हीं
तु.........!

(51)

ईथर

ईथर में डूबी हुई
तुम्हारी गोल छोटी आँखें
और
सब कुछ भूल जाने के
तुम्हारे मजबूत इरादे
भूलने के उपक्रम में
बार-बार याद करने का
भुलावा
एक छलावट सा
चमक रहा था
ईथर में डूबी तुम्हारी आँखों में
नहीं नहीं..........
सारी देह उसमें डूबी थी
तुम्हें होश कहाँ था।

(52)

आह्वान

कालीकट समुद्र तट में
उतरती एक शाम
सपाट होते दिन में
जलते हुए गोले
की तरह-
गेंद सा उछलता सूरज
पिघले हुए तारकोल की तरी
लहरें भरते पानी में
अचानक छलांग मार गया
और हम
सामने की रेत पर
शंख और घोंघों को समेटे हुए
बबूलों के ताबूत में फिरे
एक दूसरे के साथ बंद होते गये
उन्हीं ताबूतों की तरह
जिन्हें
अंधेरे की आँखें
नहीं खोल सकीं
और पानी से उभरते एक
रोशनदान गोले ने
लाजवंती की तरह हमें छूकर
सहसा जगा दिया
नये प्रातः का आह्वान करने
नयी शांति के लिए

(53)

चट्टान

कोरे कागजों पर
लिख गया कोई
दो अक्षर
दो अनजाने हाथ
नहीं–नहीं करते एक होते गये
काली चट्टान की छाती पिघलकर
लाल मिट्टी की तरह तुम्हारे
होठों पर से गुजरती
केंचुए सी काँपती तुम्हारी देह
हथेलियों में अचानक मेरी
बंद होती गयी –
उस शाम की काली चादर में
फिसलती हुई काली चट्टान
यों मिलकर एकरस हो गयी
जैसे–
वह चट्टान थी
नहीं कभी!!

(54)

अक्षर

मुलायम
खरगोश के बालों की तरह
सीधी फैलती चाँदनी-
ताड़, नारियल, काजू
कपास के झाड़ों से
घिरी
कटोरीनुमा उस धाटी में
जहाँ
धान के नन्हें खेत
दूध धूली रोशनी में
पानी से भरे समुन्दर की तरह
लहराते से जान पड़ते हैं!
दूर वादियों के अँधेरे
पास की इस घाटी में
रोशनदान बन कर चमकते हैं-
इन्हीं छनती हुई शिराओं
के एक छोर पर
स्तब्ध, नीरव, रात्रि के तीसरे पहर
समर्पित डूबा हुआ सबकुछ
एकरस कागज की सफेदी में
और हम
किसी कोने में
अपने आप डूबे
लिख रहे थे कुछ अक्षर
सफेद कागज की उस
सतह पर।

(55)

खोज रहे हैं फिर

तुम्हारे आते ही
तुमने बहुत सुने थे
पहाडियों में/पत्थरों में
मंदिरों में
लाल मिट्टियों से
लाल अधरों तक
सब कहीं/अब सुन लो-
सूनसान सड़कों पर
बंद कमरों में
भीड़-भीड़ से भरे बाजार में
गूँजते वही स्वर
पहचान जिनकी
बहुत पुरानी है, किन्तु,
बदलते हुये संदर्भ
नये अर्थों के आयाम
खोजने की चाह में
अपने अर्थ खो चुके हैं
जो तुमने दिये थे-
नये अर्थों के लिये
बेबस मोहताज
वे तुम्हें
खोज रहे हैं फिर...।

(56)

तुम्हारे आते ही

तुम्हारे आते ही
मेरे कमरे का रंग गोरा हो जाता है।
हर आइने का चेहरा हो जाता है।
हर चीज जब वक्त पर
आती है तो
दीवारें हिला देती है।
हिलती दीवारें में कैद
कैसे रहते हैं तब लोग?

दीवारें हिलाने का अधिकार
तुमने स्वयं लिया है
फिर?
हिलती दीवारों के भीतर
बैठे एक दुर्लभ, दर्द से भरे
हर क्षण पीड़ा को पीते
हँसते और जिंदादिल
आदमी को-
बचाना
नहीं धर्म है तुम्हारा।
दीवारें हिलाई तुमने
एक बेचैनी से

भर दिया
उस पात्र को
मोहताज नहीं जो तुम्हारा
तोड़ दिया है उसे
हिल उठा है वह
हिलती दीवारों के साथ
दूर बैठकर
दर्द देखने वाले
प्यार और श्रद्धा का नाटक
करो नहीं
नहीं उभारो झूठी संवेदनाएं

धर्म
धर्म है तुम्हारा
कि
हिलती दीवारों के साथ
आत्मसात हो
भूल जाओ
बनाये हुए नाटकीय चक्र
सामाजिक कीड़ों के
तुम्हारी देह नहीं हिलती क्या
दो चेहरे ओढ़कर
जीना मजबूरी है
किसने कहा
तुम्हारी?
भूकम्प आ जाए
तो सिमटकर एक हो जाते हैं

दर्द उभरे तो प्रवेशकर बाँटते हैं
प्यार का नाम
बहते पानी पर
नहीं लिखा जा सकता
हर क्षण टूटती बिखरती
प्यार की लहरें
समुंदर की तरह
अंत में खो जाती हैं
शेष रह जाता है
अँधेरा
दर्द
बस दर्द तुम्हारी नियति यही है
तो पहले?
सम्भालों ये उठे हाथ
यह खुला आंमत्रण
यह निर्वसन देह
दहके भीतर की
आवाज ऊर्जा
स्पंदित शरीर का वैभव,
देहयष्टि की मुस्कान
हर क्षण
महासागर को पराजित
करते स्पंदन
बस, दो नहीं
एक बस एक
गूढे और झूठे आवरण
के बीच

अंतरिक्ष की वह सृष्टि
हर क्षण जो
स्वर्ग सुख का भागीदार है।

आंमत्रण है अंतिम
शेष रहेगा दर्द, अंधकार
पछतावा, पीडन, घुटन,
बस, एक भले दोस्त की याद।
बस
मेरे दोस्त
मूर्ख हैं वे
जो इतिहास में जीते हैं
चैतन्य मन-
स्वयं इतिहास नियंता है।
भोग के क्षण
ब्रह्मा का पाश्चाताप है
और
पश्चाताप से उपजा
ब्रह्मा का वरदान भी
देखो
दर्द का पैदा होना
वह भी
समवेत
इतिहास का कोई क्षण,
कभी भोगरत हुए
होंगे हम -
भुलाया होगा तुम्हें

(57)

बीते पल

नहीं लौटकर आते वे पल जो बीत जाते हैं

जिन्दगी के रंगीन मदमाते पल
दर्द से रंगते उसूलों के पल
शाम के काले साये उमर में ढल जाते हैं
प्यार से उमड़ते छलकते मन
आंसुओं के घूँट पी-पी कर रीत जाते हैं
अब और उदासी के लम्बे सर्प
अकेलेपन की बांबी से रेंगकर
यौवन के चंदन तरू से लिपटकर जीत जाते हैं
जलती रेत पर रोज जलते पाँव
बढ़ते हैं निष्प्रयोजन किस गाँव
नीरस दिनचर्या बिताते हैं यों ही बीत जाते हैं
नहीं लौटकर आते वो पल जो बीत जाते हैं

(58)

अनंत

हमेशा अच्छी लगी हैं
मुझे
ये एकांत घाटियां
और ये झाड़ियां
जो अंनत के विस्तार तक
पहुंचने वाली मेरी दृष्टि को
रोक देती है
विचार में डूबा हुआ परन्तु
जब देखता हूँ मैं
अपने भीतर
पाता हूँ एक फैला हुआ
अनंत विस्तार
एकदम खामोश
गहनतम शांत
जहाँ
सिर्फ है निर्भय स्पंदन
झाड़ों को चीरती
हवा की सरसराहट
बहुत नजदीक
पाता हूँ मैं उस शांति के
याद आते हैं मुझे

वे सब आयाम
बीते हुए मौसम
और
गुजरती हुई जिन्दगी
और टकराती हुई आहटें।
इस पूरे विस्तार में
डूब आते हैं मेरी विचार
कितना सुखमय है
सब कुछ --
याद भी नहीं आता
विघटनकारी व्यतीत।

(59)

नकारना

भूले में
पानी की लहरों में
वातायन की
बेतरतीब हवाओं में
कभी
कोरे कागज पर
कोई हस्ताक्षर नहीं करता
कर दिया जिसने
और दे दिया -
वह हस्ताक्षर'-
उसे नकारना चाहते
हो तुम, कब तक
नहीं,, एकदम नहीं।

नकारने का
पाप करेगा जो,
भरेगा।
पछ्वावे से साथ
जिंदगी भर
वह
ढोता रहेगा,

प्राणवायु हीन
निर्जल गागर–
चाहता नहीं
वह तुम्हें ढ़ोना पड़े
परन्तु
किन्तु
नहीं –
भविष्यवाणियां मेरी
सूखी गागर नहीं होती
हिलती हुई
दीवारों का
हिस्सा बनना होगा तुम्हें
कल तो,
आज क्यों नहीं

(60)

मेरी देहरी तक आती है

मेरी देहरी आती है वह
वहीं चूमकर वापस लौट जाती है
धूप।
सीधे घुसता आता है
हर रोज अजगर-सा अँधेरा
एक तूफान-सा
पसर जाता है मेरे कमरे में
फिर दबाने लगता है मेरी पसलियों को
हथौड़ा भी ऐसा
आवाज नहीं करता पीटते हुए
हथौड़े का दर्द
अँधेरे का दबाव
क्यों नहीं आती है धूप
मेरे कमरे के भीतर
मुझ तक लौट जाती है क्यों
बस एक दस्तक देकर
मेरी देहरी से।

(61)

तुम्हारे अर्थ

तुमने बहुत सुने थे-
पहाड़ियों में
पत्थरों में
मन्दिरों में
लाल मिट्टियों से
लाल अँधरों तक
सब कहीं!
अब सुन लो-
सूनसान सड़कों पर
बंद कमरों में
भीड़-भाड़ से भरे बाजार में
सब कहीं
गूँजते वही स्वर!
उनके अर्थ
समझ सकों
तो समझ लेना
उन्हें
अर्थ दे सको
तो दे देना-
वे सब
मोहताज हैं तुम्हारे
तुम्हारे हैं
तुम्हारे लिए हैं!

(62)

यादों के नाम

आसमान के नीचे बिखरी धूप की चादर धीरे से हिलने लगी है
हिलते हुए वह काँपती है,
कोई खींच रहा है जैसे!

कल ही तो आया था वह
जाने के बाद यूं एहसास होगा
जैसे हमेशा के लिए चला जाएगा,
नहीं पहचाना था।
यादों के दराज में
कितना कुछ कैद नहीं है:
- अंगडाईयां
- सहज मुस्कान
-संगीत से पदचाप
-फिर शांति
-खर्राटे-भरी नींद
उम्र को तरोताजा करती हुई
बंद आँखें!
थकान के बाद आँखें जो
बंद होती हैं
सीप में हैं मोती की तरह!
पता नहीं था-
कल आनेवाले की खबर

आज जाने को मिल जाएगी ऐसी
कि आँखें फटी सीप सी रह जाएंगी!
क्रम यह
चल रहा है
आने-जाने का
जंगली साँप की तरह!
एक बिल से भागकर
दूसरे से निकलना है वह!
वह यानी साँप!
मेरे दोस्त-
तुम साँप नहीं हो-
मन बहलाने के लिए 'मिथ' सही है
कि ओले से नष्ट
खेत में खड़ी फसल अब भी हरी है!
क्यूं टूट रहा है मेरा मन!
अमरत्व किसने दिया है मुझे
जो यूं प्रश्नों की तिजौरी खोल रहा हूँ!
आज वह गया है
कल मैं जाऊँगा
कल फिर तुम
फिर कोई और
और क्रम चलता रहेगा!
दर्द यही तो है न
मेरे माथे पर बिंदिया क्यों लगा गया था
वह, तुम भी लगा दो
दूसरी बिंदी किसी और के माथे!

चुपचाप फिर दुबक जाओ-
हथेलियों-से तैरती झील में
सुबह की धूप
अलसाकर नहीं उचटकर उठेगी,
फिर किसी चोटी पर
छोड़ जाएगी
अँधेरी रात का इतिहास!
लेकिन एक अहसास भी तो है
तुम्हारे साथ
जिसे बिंदी लगाई थी तुमने
किसी चौराहे पर
मौसमों की बौछारों को सहने के लिए
तुम्हें पत्थरों की शक्ल में खड़ा कर देगा
और पूजेगा
देवताओं की तरह-
मात्र इसलिए कि तुमने एक रीतापन छोड़ा था
सूरज की तरह
एक बिंदी लगा दी थी अनजाने ही!
अब
वही बिंदी तो है, जो
चमक रही है-
यादों के नाम
चौराहों पर!
अमर वही होते हैं, मेरे दोस्त!
जो दूसरों को अमर बनाना जानते हैं।

(63)

नींद का मसीहा

अँधेरी रात है
छाये हैं काजल की तरह गहरे मेघ
अँधेरी सड़क पर ट्यूब लाइट का
छनता प्रकाश
तुम्हारी चूनर सा बिखरा हुआ है
तुम्हारे बालों के घेरों सा आवृत्त है चुप
दुबका हुआ प्यासा कुत्ता
तन्हाई को पीने के लिए
मुँह फाड़ता है बार-बार
आसमान किसी मजार से
चुराकर लायी हुई चादर
ओढ़े है,
महलों और झोपड़ियों में बंद
सांसो को गिन रहा है
आवारा बहती हुई हवा
अमूर्त द्रोपदी का चीरहरण
करती हुई सी
अगले महाभारत की सारी संभावनाओं को
बेदखल कर रही है!
मेरी नींद का मसीहा
खामोश है

और बेचैन, सबको घूर रहा है
उसके संदेश
विनय के स्वर,
नयी दुनिया की आस्था
नये निर्माण के गीत
कैद है चुप्पी में
जब दर्द उभरता है
सब यूं ही खामोश हो जाता है

(64)

रिश्ते

वीरान में रहने वाला उल्लू
और उजाड़
में रहने वाला आदमी
कोई फर्क नहीं है इनमें।

रिश्ता दोनों का
बँधा है एक ही तरह –
खुली, फटी हुई जमीन
ऊपर सफेद-सी पर्त है।
नहीं बर्फ की वह
किसी मृतक पुरुष के होठों की है!
छाया नहीं है कहीं
न जंगल है, न पहाड़
वृक्ष भी नहीं, न नदी
नाला, करना या किनारा
कफन-सा फैला हूँ सब कुछ दृश्य जो!
निरभ आसमान
नीले थोथे-सा साफ है
खुला हुआ..!

और फटी हुई जीभ है धरती!
किसी किनारे से
उभरती हैं मात्र कुछ छिपकलियां!

देखे हैं रंग छिपकलियों के?
नहीं, तो देखो
खिला है एक फूल
हाँ फूल।

विराट फटी हुई चादर में
वही तो छिपकली है!
दर्द है इसीका धरती को
आसमान क्यों नीला है?
क्यों रोता नहीं?
आँसू बहाकर साथ देता नहीं?

संबंध बहुत पुराने हैं!
धरती और आकाश
वही स्रोत रहा है।
आसमान की अस्मिता का

सदा, नीले रहना
ठहराव है।
ठहरे रहो तुम?
किसने कहा है?
कब ठहरी रही है धरती?
उठी नहीं कब?
कब हुआ नहीं प्रलय
लावा, भूकंप, बाढ़, सूखा!
सीधा-सरल रहना
मृत्यु है।
ठहर जाना स्वास का
आकाश को संभाला है कई बार

फट पड़ा है जब ब्रह्मचर्य से!
पराजित वही हुआ है।

धरती नहीं
आज क्या हो गया है तुम्हें?
किन शक्तियों के मोहपाश में
हो तुम मेरे आकाश
कि भूल गये वह समझौता
टिका है जिस पर समूचा विश्वास,
विश्वास से नहीं है कुछ विराट!
एक दिन में बनता नहीं वह,
विश्वास असंयमी नहीं है
विश्वास तर्क नहीं है
विश्वास अनासक्त है
तोड़ता है कोई उसे
तो विद्रोह पनपता है
बवंडर से भी भयावह है,
विश्वास का विद्रोह
इसीलिए -
तोड़ने की हिम्मत करो नहीं?
धरा हूँ!
सोंख लूंगी समूचे -
महासागर को
उजड़ जायेगा चमन -
यह जाएगा वीरान गिद्धों का।

गिद्ध
ये सारे प्यास से तड़पते गिद्ध -

खाएंगे केवल तुम्हें
कहीं कोई रहेगा बचेगा-बचेगा क्या?
नीचे उतरो-
हे नील कमल आकाश
समेटो अपनी बाहों में
पूरी तरह
मुझ धरा को

एहसास ने दी
संतुष्टि की!
उसी से खुलेंगे
द्वार -
और मंथन होगा महाप्रलय का!
तभी मिटेगी दूरी
धरती और आकाश की

वो चंद लोग मुझसे
मैं कैद हूँ तुम्हारी कोठरी में
प्यासी हूँ
प्यासी मैं रहूँगी
तो कोई बचेगा नहीं?
ऐसा होने दोगे
हे महामहिम!
लगा दोगे उस धरती को
जिसकी तुम उपज है!
मत तोड़ो ये रिश्ते
मुश्किल से बनते हैं वे
दोस्त कहा है जिसे
निभाओ प्राणपन से
जिंदगी भर।

(65)

अँधेरी रात

अँधेरी रात है
छाये हैं गहरे मेघ
काजल की तरह
सूनी सड़क पर ट्यूब लाइट का
छनता प्रकाश
तुम्हारी चूनर सा बिखरा हुआ है।

तुम्हारे बालों के घेरे सा
आवृत है चुप
दुबका हुआ प्यासा कुता
आवृत है चुप
दुबका हुआ प्यासा कुता
तनहाई को पीने के लिए
मुँह फाड़ता है बार-बार
आसमान किसी मजार से
चुरा कर लाई हुई चादर
ओढे है
महलों और झोपड़ियों में बंद
सांसो को गिन रहा है

(66)

मेहमान

तुमने आकर मेरे माथे पर
बिंदी लगा दी है!
मेरी रक्त-शिराएं एक उत्साह से
भर गयी हैं
मेरे अतिथि!
आते हो ऐसे कब?
कलेजा फाड़कर तुम्हें पिलाना चाहता हूँ
सबसे शुद्ध रक्त की एक बूंद!
स्वस्थ रहो तुम मेरे मरने तक
जीवित रहो मेरे दूसरे जन्म लेने तक,
तुम्हारे भाग्य के भोजन का एक दाना भी
चूहे न खा सकें
रहे बहुत!
इतना कुछ
कि स्वयं खाकर दूसरों को खिला सको,
आए हो मेरे द्वार
हे मेरे मेहमान!
धूप की तरह मेरे झील घर में
सुबह उचटकर
शृंगार दोगे किसी और चोटी को,
एक सहज धर्म है यह!

अभी तो तुम मेरे हो!
तुमने आकर एक बिंदी लगा दी है,
मेरा रीताप न दुबक गया है कहीं!
अमर वही होते मेरे दोस्त
जो दूसरों को अमर बनाना जानते हैं

(67)

धूप

पेड़ों का सिर चाट रही है धूप
सिर के वालों को नोच रही है धूप
सूरज को चाँदनी बना रही है धूप

फुदक कर खरगोश-सा घासों के बिल में जा घुसा है अँधेरा।
धरती को कपिलों-सा काँपता हुआ छोड़ कर
जाल समेट रही है धूप

वनपक्षियों के स्वर कोलाहल में कर रहे है
शैतान बच्चे जैसे आपस में लड़ रहे हैं
धूप-से अंधेरे के भय में पल पर में सब डूब जांएगे

क्योंकि अपनी अन्तिम मुस्कान सी समेट रही है धूप
शोर के बीच समा रहा है शोर में पला हुआ आदमी
अचानक सूनेपन के भय खा रहा है आदमी

क्योंकि सुरक्षा के सन्दर्भो को ले उड़ी है धूप
अब किशोरी के बालों में बगूला-सा चक्कर छाएगा अंधेरा
मृतक व्यतीत, अजन्में भविष्य के बीच

केवल छल पंपचों के साये सा आ गया है वर्तमान
क्योंकि जिन्दगी की अगली सुबह अब ले उड़ा है धूप।

(68)

शब्द

चले आते हैं
बिना बुलाये
मेरे पास
शब्द!
अपरिचित यात्री से
चले जाते हैं
बिना कुछ कहे
मेरे शब्द!
काश!
पूछता कुछ
पर रह जाता हूँ
मौन
और जानता नहीं
चलेगा कब तक यह
आने-जाने का
सिलसिला
बालों का जूड़ा
जूड़े के बालों से अनगिनत
है यदि वह
तो आये तो इस बार
मेरी तनहाई में
खलल डालने

(69)

यही है मेरा मुकाम

क्यों सोचता हूँ
तुम्हारे बारे में
रात हो जब बारह बज गये हैं?
फूलों के बाग में
फूलों की गठी सी निस्पंद
सोती हो!
मैं क्यों सोचता हूँ तुम्हारे बारे में
रात को जब बारह बज गए हैं
तेज हवा झंझावात
बेरहम मौसम और
शांत सड़क बावजूद
मैं तब भी देख रहा हूँ
बेतरतीब फैले सूने आकाश को
मेरी नींद
तुम्हारी सांसों के साथ –
सांसें ले रही है
तुम्हारा कुछ भी मेरे साथ
नहीं चल रहा
बस एक याद के सिवाय
यादों की सीवन

बेबस बनाती है मुझे
मकड़ी के जाले में कैद
कमल के फूल में बंद
बेबस, मजबूर
हवा में तैरता मैं
कब तक किसी का
नाम लूंगा?
तरस खाओ, ओ मेरे अतीत
इस वर्तमान को छोड़ो निर्बंध
जाने दो
कैक्टस के कांटों में!
मुझे कोई परवाह नहीं है
तुम्हारी
क्यों हो हे फूल कुमारी!
बेचारा कैक्टस है
हाँ, तुम्हारे लिए बेचारा कैक्टस
सबसे सुरक्षित हूँ मैं यहीं
यही मेरी मरजी का मुकाम है।

(70)

विश्वास

इतने सहज
तुमने छीन लिया, हुल
विश्वास–
प्रेम का,
प्रेम करने का!
सोचा था कभी,
पाँच लकीरों में
उमरती है प्रेम की
पाँच रेखाएं –
एक भी तो छोड़ी नहीं तुमने!
ठुकरा कर सबको एक साथ
नहीं उजड़ा चमन
हमारा एक दूसरे का
कितने सहज तुमने
विश्वास छीन लिया।

(71)

आओ, ले चलूं साथ

आओ, ले चलूं साथ
इस चकाचौंध के उस पार,

सितारों से टिमटिमाते हैं-
मेरे लिए दीये,
बुझती हुई लौ की कफन का
इंतजार उनके लिए
डर रहे हैं दीये।
रोशनी!
रोशनी भीतर है, और बाहर भी,
भीतरी रोशनी की अकुलाहट,
भूकम्पन से काँपती स्थितियां
शीत हवाओं की कोपलों का झेलना,
विपरीत लहरों के
नौकानयन!
मोतियां बिंद से ग्रसित आँखें
पूछना फिर रोशनी का आभास
अमर से बेजार
या भूख से ताड़ित
प्रताड़ित आकांक्षाओं के ढहने से,
तनहा-

कि छोड़ जाए उसके जिस्म का हर भाग
सांस के सिवाय!
अकुलाहट हैं भीतरी रोशनी की मजबूत पकड़ के
लिए!
बाहर!
नहीं सोचना है कुछ,
शीत हो, गरमी या बरसात
किससे शिकायत ही जाए
आवाज बेअसर हो जाती है!
कौन पहचानता है इन्हें,
कभी पाँच साल में एक बार-
दे जाते हैं झूठे आश्वासन
फिर छोड़ तेते हैं-
सामूहिक चीरहरण के लिए-
रोशनी लेकिन तब भी है,
तेज, तेज और बहुत तेज
तभी तो जन्म देती है-
फूलन को,
मानसिंह या मलखान को,
कहर का अध्याय-
शुरु होता है यहीं से
यहीं से बिगड़ती है व्यवस्था,
भागीदारों के हाथ दोहरी होकर,
सुबकने के बाद-आँसू!
आँसूओं के बाद विक्षोभ!
फिर वितृष्णा

धरती यह, रोकती है तब भी।
आज नहीं, उगेंगे अंकुर कल,
ठहर जाता है सारा समय तब!
नहीं उगते अंकुर जब,
रोशनी की आकांक्षाओं के
हर दरवाजे–
प्रेत बनकर दस्तक देते हैं।
आओं,
ले चलूं तुम्हें यहाँ से वहाँ–
मनुष्यों के घरों में जहां
दहशत मचा रखी है प्रेतों ने!
दीये नहीं हैं ये
आँखें हैं प्रेतों की
घूरती हैं मनुष्य के भीतर–
जबरन प्रवेश कर –
किसे दोष दोगे, दोस्त!
उनको,
अपने आपको को
व्यवस्था को या।
सर्पीली बाहों में
सो जाएं
लिपट कर
विषधर हूँ मैं –
आ तो जाओ तुम!
पहचाना नहीं अभी तक!
हवाओं की तरह–

रेशमी साड़ी लहराती रही
नहीं कोपलें
बेचैन, आतुर,
शिकायती स्वर में
कहती रही मुझसे -
समय नहीं ठहरेगा
हमारे एहसान की पहचान के लिए,
बदल कर हम
हरी पत्तियों से
सूख कर आलिंगन करेंगी
धरती का -
एक दर्द के साथ
कि चाहते रहे तुम्हें!
और तुम
बस देखते रहे-
हमारे होने का एहसास
नहीं होगा काम-
संदेश भेजने से,
बहुत हेर-फेर होती है यहाँ-
सरकारी मशीनरी से लेकर
आदमी तक!
मिलने के माध्यम हमारे
संदेश तो नहीं थे,
हवाओं में नहीं पनपनते
बीज,
बन जाती है कली-

और –
बदल जाता है सब कुछ
आहटों में
स्फुरित होने लगती हैं
दीवारें आकांक्षाओं की।
सृष्टि–
सीधे आकर टकराती है
अकुलाहट के लिए–
छिपाये छिपता नहीं कुछ,
फिर–
क्यों भेजती हो ये संदेश–
इनसे उजागर ही तो होगा
सब कुछ,
बातें–
हमने की थीं, तुम से
तुमने की थीं, हम से
कौन तीसरा आ गया यह,
हस्ताक्षर कर गया
गलत जगह–
गलत फाइल पर।

(72)

आदमी हैं रेशे नहीं कपास के

अजीब आदमी हूँ मैं
सिर पर बाँधा है वह कफन
जो
पसरता है सीधा किसी लाश पर।
नींद!
हराम हो गयी है मेरी
वर्षों से!
सपने-
देखे थे जो बचपन में
दस्तक दी थी जिन्होंने -
जवानी में,
उतरती हुई उमर में
जलते हुए कोपले की तरह-
रात-रात
और सारी रात
किसी मरघट की तरह
जलते हैं।
दहशत से मैं -
प्रतीक्षा करता हूँ रोशनी की।
कि
रात चाहे कोयले सी हो

या रजनीगंधा सी श्वेत
खामोशी
और चीत्कार के बीच
लुटा हुआ है
मेरी नींद का मसीहा!
क्या हो रहा है यह?
मेरे चारों ओर!
दिन हो या रात!
सब टूटता-सा लगता है।
भय है मुझे
मेरे पड़ोसी से
मेरे सबसे प्यारे दोस्त
या फिर
भय है मुझे अपने ही
दाहिने हाथ से!
दर्द बढ़ जाता है बहुत
जब सीमाएं टूटती हैं।
दीवारें नहीं बनतीं
यूँ एक दिन या एक बरस में,
वर्षों से जमा चूना और सीमेंट
जोड़ता है-
नसों की तरह इमारत को
और आदमी को भी।
समझौते का इतिहास
यहीं से शुरू होता है-
पर दर्द होता है तब,

कोरे कागज पर लेता है
कोई विश्वास के हस्ताक्षर
जब!
फिर लिखता है फरेब और
विध्वंस के दस्तावेज

साँप-
जहरीला साँप भी
दूसरे सांप को नहीं काटता,
क्यों काटने लगा है-
आदमी आदमी को।
किसलिए बेमौसम
कोप पीले पत्तों सी
झरती हैं।
मेरे दोस्त।
एक पर में रह कर
दर्द का इतिहास लिखोगे क्या?
तुम्हें दर्द नहीं होगा
जब मरेगा -
तुम्हारा जवान भाई,
बहन, पिता या पत्नी?
एक खौफनाक भूत ने
कभी किसी महल में
डेरा डाला था- तब
एक हो गये थे हम सब,
न उजड़ने देने के लिए
उस महल को।

भूल गये उसे क्या?
उस इतिहास को
हर नयी फसल लिखती है
नया इतिहास
इसीलिए हर नयी फसल
का स्वाद नया होता है।
मत घोलो,
विष के रसायन
बीज नशे के!
क्यो पिसना चाहते हो
समय ही मुट्ठियों में,
अरे भाई तेरो सहज
नदियों की कमी नहीं हैं।
हमारे देश में,
सबका पानी एक है,
एक खून की तरह।
फटे हुए दूध सा खून
पीना बंद करो।
कल शाम हमने एक साथ
बीयर पी थी
तुम्हारी छत पर।
सुबह की सुनहरी किरण
बो गयी क्या अंधकार के बीज?
'नहीं'
सूरज कभी धोखा नहीं देता,
इसीलिए चाँद भी तो

शांत और शीतल है-
आओ,
फिर साथ बैठकर
बीयर पीयें हम,
तुम्हारी छत पर आज,
कल और
हमारी छत पर इसी तरह।
दूसरों के इशारों पर
क्यों नाचते हो।
साथ साथ बढ़ें.
मेरे दोस्त,
साथ नाचें तो मजा आए।
शांति के गीत गए
तो गुजरे प्रेमी भरी रात,
दशहत-
न अँधेरा है
न उजाला है
भय है हमारे भीतर का।
हमारी डफली,
तुम्हारे ढोल
सितार भी किसी के
और सारंगी हो
या सिम्फनी के तार,
आज की रात,
यहाँ तो आ जाओ
आ जाओ यहाँ

नाचेंगे भांगड़ा
झूमर और ख्याल
गरबा और गुलाल
आलम हो मस्ती का
पर-
हो न पसीना किसी का
लाल।
नहीं देंगे टूटने हम -
न तुमसे हमको
न हमको तुमसे
तेजी से बढ़ती
इस दुनिया के सरमायेदारों को
आओ,
बता दें हम,
एक घेरे में घूम रहे हैं
हम
अंतरिक्ष में ठहर
जाता है जैसे-
सब कुछ,
मात्र रहता है आवरण
नीले और रेतीले
अनुभवों का।
जन्मे थे जब हम
कहा था किसने हमें
झगड़ें हम।
प्रेम करें, दोनों,

आओ,
अलिंगन करें
हम सब
एक धरती के पौधे हैं
धान के,
और पहली बाली धानकी
फूटकर,
जो रंग देती है भीतर,
है हम सबमें,
हम सब बनें
पहली वाली धान की,
धान की
पहली बाली।

भूल जाएं सेमल के
लाल फूल-
सेता रहा जिसे
कोई सुवना
रस की तलाश में।
फूटे वे तो
बिखर गये
रेशे रेशे कपास के।
हम,
आदमी हैं,
रेश नहीं कपास के!
साथ चलने का वचन
दिया था तुमने

चले थे हम साथ
गढ़ गया तुम्हारे पाँव में
छोटा सा कांटा
रूक गई तुम वहा–?
समय कहाँ है

बीज को
बढ़ने पनपने के लिए धरती
स्त्री तो मात्र
बीज पनपने के लिए
धरती देवी है

♦♦♦